FILOSOFÍA ELEMENTAL

ÉTICA

JAIME BALMES

Edición de
Juan Bautista Bergua

Presentado por
Manuel Fernández de la Cueva Villalba
Profesor de Filosofía

Colección La Crítica Literaria
www.LaCriticaLiteraria.com

Copyright del texto: ©2010 Ediciones Ibéricas
Ediciones Ibéricas - Clásicos Bergua - Librería Editorial Bergua
Madrid (España)

Copyright de esta edición: ©2010 LaCriticaLiteraria.com
Colección La Crítica Literaria
www.LaCriticaLiteraria.com
ISBN: 978-84-7083-184-3

Imagen de la portada: "La Creación de Adán" de Miguel Ángel (1511)

Ediciones Ibéricas - LaCriticaLiteraria.com
Calle Ferraz, 26
28008 Madrid
www.EdicionesIbericas.es
www.LaCriticaLiteraria.com

Impreso por LSI (Internacional) y SAFEKAT S.L. (España)

ÍNDICE

EL CRÍTICO - JUAN BAUTISTA BERGUA

Juan Bautista Bergua nació en España en 1892. Ya desde joven sobresalió por su capacidad para el estudio y su determinación para el trabajo. A los 16 años empezó la universidad y obtuvo el título de abogado en tan sólo dos años. Fascinado por los idiomas, en especial los clásicos, latín y griego, llegó a convertirse en un célebre crítico literario, traductor de una gran colección de obras de la literatura clásica y en un especialista en filosofía y religiones del mundo. A lo largo de su extraordinaria vida tradujo por primera vez al español las más importantes obras de la antigüedad, además de ser autor de numerosos títulos propios.

SU LIBRERÍA, LA EDITORIAL Y LA "GENERACIÓN DEL 27"

Juan B. Bergua fundó la Librería-Editorial Bergua en 1927, luego Ediciones Ibéricas y Clásicos Bergua. Quiso que la lectura de España dejara de ser una afición elitista. Publicó títulos importantes a precios asequibles a todos, entre otros, los diálogos de Platón, las obras de Darwin, Sócrates, Pitágoras, Séneca, Descartes, Voltaire, Erasmo de Rotterdam, Nietzsche, Kant y los poemas épicos de La Ilíada, La Odisea y La Eneida. Se atrevió con colecciones de las grandes obras eróticas, filosóficas, políticas, y la literatura y poesía castellana. Su librería fue un epicentro cultural para los aficionados a literatura, y sus compañeros fueron conocidos autores y poetas como Valle-Inclán, Machado y los de la Generación del 27.

EL PARTIDO COMUNISTA LIBRE ESPAÑOL
Y LAS AMENAZAS DE LA IZQUIERDA

Poco antes de la Guerra Civil Española, en los años 30, Juan B. Bergua publicó varios títulos sobre el comunismo. El éxito, mucho mayor de lo esperado, le llevó a fundar el Partido Comunista Libre Español que llegaría a tener más de 12.000 afiliados, superando en número al Partido Comunista prosoviético oficial existente. Su carrera política no duró mucho después que estos últimos le amenazaran de muerte viéndose obligado a esconderse en Getafe.

LA CENSURA, QUEMA DE LIBROS
Y SENTENCIA DE MUERTE DE LA DERECHA

Juan B. Bergua ofreció a la sociedad española la oportunidad de conocer otras culturas, la literatura universal y las religiones del mundo, algo peligrosamente progresivo durante esta época en España.

En el 1936 el ejército nacionalista de General Franco llegó hasta Getafe, donde Bergua tenía los almacenes de la editorial. Fue capturado, encarcelado y sentenciado a muerte por los Falangistas, la extrema derecha.

Mientras estuvo en la cárcel temiendo su fusilamiento, los falangistas quemaron miles de libros de sus almacenes por encontrarlos contradictorios a la Censura, todas las existencias de las colecciones de la Historia de Las Religiones y la Mitología Universal, los libros sagrados de los muertos de los Egipcios y Tibetanos, las traducciones de El Corán, El Avesta de Zoroastrismo, Los Vedas (hinduismo), las enseñanzas de Confucio y El Mito de Jesús de Georg Brandes, entre otros.

Aparte de los libros religiosos y políticos, los falangistas quemaron otras colecciones como Los Grandes Hitos Del Pensamiento. Ardieron 40.000 ejemplares de La Crítica de la Razón Pura de Kant, y miles de libros más de la filosofía y la literatura clásica universal. La pérdida de su negocio fue un golpe tremendo, el fin de tantos esfuerzos y el sustento para él y su familia…fue una gran pérdida también para el pueblo español.

PROTEGIDO POR GENERAL MOLA Y EXILIADO A FRANCIA

Cuando General Emilio Mola, jefe del Ejército del Norte nacionalista y gran amigo de Bergua, recibe el telegrama de su detención en Getafe intercede inmediatamente para evitar su fusilamiento. Le fue alternando en cárceles según el peligro en cada momento. No hay que olvidar que durante la guerra civil, los falangistas iban a buscar a los "rojos peligrosos" a las cárceles, o a sus casas, y los llevaban en camiones a las afueras de las ciudades para fusilarlos.

¿El General y "El Rojo"? Su amistad venia de cuando Mola había sido Director General de Seguridad antes de la guerra civil. En 1931, tras la proclamación de la Segunda República, Mola se refugió durante casi tres meses en casa de Bergua y para solventar sus dificultades económicas Bergua publicó sus memorias. Mola fue encarcelado, pero en 1934 regresó al ejército nacionalista y en 1936 encabezó el golpe de estado contra la República que dio origen a la Guerra Civil Española. Mola fue nombrado jefe del Ejército del Norte de España, mientras Franco controlaba el Sur.

Tras la muerte de Mola en 1937, su coronel ayudante dio a Bergua un salvoconducto con el que pudo escapar a Francia. Allí siguió traduciendo y escribiendo sus libros y comentarios. En 1959, después de 22 años de exilio, el escritor regresó a España y a sus 65 años comenzó a publicar de nuevo hasta su fallecimiento en 1991. Juan Bautista Bergua llegó a su fin casi centenario.

Escritor, traductor y maestro de la literatura clásica, todas sus traducciones están acompañadas de extensas y exhaustivas anotaciones referentes a la obra original. Gracias a su dedicado esfuerzo y su cuidado en los detalles, nos sumerge con su prosa clara y su perspicaz sentido del humor en las grandes obras de la literatura universal con prólogos y notas fundamentales para su entendimiento y disfrute.

Cultura unde abiit, libertas nunquam redit.
Donde no hay cultura, la libertad no existe.

El Editor

PRESENTACIÓN

Jaime L. Balmes y Urpià nace en Vic en 1810 y muere en la misma ciudad en 1848. Además de ser filósofo y teólogo –fue ordenado sacerdote en 1834-, Balmes se interesó por la sociología, las matemáticas y la literatura, es decir, que él es uno de los intelectuales más importantes de la España del S. XIX.

Como pensador es un claro precursor de la neoescolástica y estuvo influenciado por el espiritualismo francés. Al mismo tiempo se opuso al positivismo francés y al pensamiento kantiano.

Algunas de sus importantes obras son; *Cartas a un escéptico en materia de religión* (1846), *El protestantismo comparado con el catolicismo en sus relaciones con la civilización europea* (1842-44), *El Criterio* (1845), *Filosofía Fundamental* (1846) y *Filosofía Elemental* (1847). Además fundó en Madrid el semanario *El Pensamiento de la Nación* y escribió numerosos opúsculos de política como las *Consideraciones políticas sobre la situación de España* (1841).

El libro de Balmes titulado *Filosofía Elemental* (1847) se compone de tres partes. La primera se titula *"Lógica"*, la segunda *"Metafísica"* y la tercera –que es la que usted tiene en sus manos-, se titula *"Ética"*. La primera edición de esta obra publicada por J.B. Bergua es del año 1935. Posteriormente se hicieron cuatro ediciones. La última de ellas es del año 1956.

La novedad de esta edición es que se publican por separado cada una de las partes que componían originariamente el libro *Filosofía Elemental*. Esto ha sido posible hacerlo porque el autor trata los tres temas, mencionados anteriormente, de modo independiente. En la presente edición se ha respetado el libro tal y como fue publicado por J.B. Bergua en 1935 y sólo se han hecho correcciones formales o de ortografía.

La "Ética" está compuesta por 28 capítulos de distinta extensión. En esta obra podemos encontrar los temas más interesantes y, a la vez, heterogéneos –siempre relacionados con la moral-: *¿Por qué el ser humano es un ser moral? ¿Cuáles son las condiciones del orden moral? Su crítica al utilitarismo y cuál es la preocupación del hombre para con sus deberes. ¿Por qué el hombre debe vivir en sociedad? ¿Cuál es el origen del poder público y las relaciones entre el derecho y la moral?* Todos estos importantes temas Balmes los explica analizando numerosos problemas y dilemas morales.

Respetando la solera que da la sabiduría de nuestros antepasados, esperamos que el lector disfrute de esta significativa e importante obra de Balmes.

Carrión de los Condes, septiembre de 2010
Manuel Fdez. de la Cueva Villalba
Profesor de Filosofía.

JAIME BALMES

ÉTICA

PRÓLOGO

Ética llamo a la ciencia que tiene por objeto la naturaleza y el origen de la moralidad. Cuál sea el verdadero sentido de la palabra moralidad, no se puede explicar aquí; pues que a ello se dedica una parte considerable de este volumen. Algunos han dado a la ética el título de *arte de vivir bien*, lo cual no parece exacto, pues que si se reuniesen todas las reglas de buena conducta, sin acompañarlas de examen, formarían un *arte*, mas no una *ciencia*.

Fácil me hubiera sido escribir un grueso volumen de ética o filosofía moral: es materia en que las riquezas abundan, y se las puede tomar de otros, sin que se conozca el plagio; pero he preferido reducir el tratado a pocas páginas, ya porque lo requiere el género de la obra, ya también porque las ideas, para germinar, conviene que no estén desleídas. Lo que importa es asentar los principios, e indicar con claridad y precisión el modo de aplicarlos: ciertos pormenores corresponden a una obra de moral, pero no a una filosofía moral. La palabra filosofía expresa aquí examen y análisis de los fundamentos de la moral y de sus conclusiones capitales: si se quisiese descender a las últimas consecuencias, sería preciso contar con más tiempo del que suele emplearse en esta enseñanza.

Se notará que no trato separadamente ni del sentido ni del sentimiento moral: sólo hablo de ellos, cuando la materia respectiva va ofreciendo la ocasión. Si por sentido moral se entiende la percepción instintiva de ciertas relaciones morales, queda incluido en el sentido común, del cual forma un ramo; si se le quiere tomar en otra acepción, no la comprendo. El sentimiento moral es lo que indica su nombre: el sentimiento en sus relaciones morales. Como mero sentimiento, es una inclinación que nada significa en el orden moral, hasta que se subordina a la libertad, y se encamina a un objeto, con sujeción a las condiciones morales, en cuyo supuesto el criterio de su moralidad se halla en algunos de los capítulos que tratan de los deberes y derechos. Todo sentimiento se refiere al sujeto o al objeto: así están señaladas sus reglas, cuando se han fijado las de la moral en todas sus relaciones.

En el orden de materias no he seguido el método común: no es necesario exponer aquí los motivos, ni lo consiente tampoco la brevedad que me he propuesto. No obstante, para juzgar de si he acertado o no, hay un medio sencillo: leer el tomo con la mira de buscar allí un cuerpo de ciencia, rebultado de un examen riguroso. Si el libro llena este objeto, el método es bueno; si no, errado.

He procurado presentar las cuestiones bajo el aspecto reclamado por las necesidades de la época: si en algo conviene atender a esta circunstancia, es indudablemente en lo moral. Fuera de las academias, pocos hablan de ideología y psicología; pero las cuestiones sobre la sociedad, el poder público, la propiedad, el suicidio, se agitan en todas partes. Es preciso tener sobre ellas ideas fijas, para preservarse de extravío, y es indispensable saber tratarlas con el método y estilo de la época, so pena de dañar a la verdad desluciéndola.

CAPÍTULO PRIMERO

EXISTENCIA DE LAS ÍDEAS MORALES Y SU CARÁCTER PRÁCTICO

1. Hay en todos los hombres ideas morales. Bueno, malo, virtud, vicio, lícito, ilícito, derecho, deber, obligación, culpa, responsabilidad, mérito, demérito; son palabras que emplea el ignorante como el sabio en todos los tiempos y países: éste es un lenguaje perfectamente entendido por todo el linaje humano, sean cuales fueren las diferencias en cuanto a la aplicación del significado a casos especiales.

2. Las cuestiones de los filósofos sobre la naturaleza de las ideas morales confirman la existencia de las mismas; no se buscaría lo que son si no se supiese que son. No cabe señalar un hecho más general que éste; no cabe designar un orden de ideas de que nos sea más imposible despojarnos: el hombre encuentra en sí propio tanta resistencia a prescindir de la existencia del orden moral como de la del mundo que percibe con los sentidos.

Imaginaos el ateo más corrompido, el que con mayor imprudencia se mofe de lo más santo; que profese el principio de que la moral es una quimera y de que sólo hay que mirar a la utilidad en todo, buscando el placer y huyendo el dolor; ese monstruo, tal como es, no llega todavía a ser tan perverso como él quisiera, pues no consigue el despojarse de las ideas morales. Hágase la prueba: dígasele que un amigo a quien ha dispensado muchos favores acaba de hacerle traición. «¡Qué ingratitud!— exclamará—. ¡Qué iniquidad!» Y no advierte que la ingratitud y la iniquidad son cosas de orden puramente moral que él se empeñará en negar. Figurémonos que el amigo traidor se presenta y dice al ofendido: «Es cierto; yo he hecho lo que usted llama una traición; usted me dispensaba favores; pero como la traición me resultaba una utilidad mayor que los beneficios de usted, he creído que era una puerilidad el reparar en la justicia y en el agradecimiento.» ¿Podrá el filósofo dejar de irritarse a la vista de tamaña imprudencia? ¿No es probable que le llamará infame, malvado, monstruo y otros epítetos que le sugiera la cólera? Y, no obstante, éste es el mismo filósofo que sostenía no haber orden moral y que ahora le proclama con una contradicción tan elocuente. Quitad el interés propio, hacedle simple espectador de acciones morales o inmorales, y la contradicción será la misma. Se le refiere que un amigo expuso su vida por salvar la de otro amigo. ¡Qué acción más *bella*!, dirá el filósofo. Por algunas talegas de pesos fuertes, un militar entregó una fortaleza, lo que causó la ruina de su patria. ¡Qué villanía! ¡Qué bajeza! ¡Qué infamia!, dirá también el filósofo. ¿Esto qué prueba? Prueba que las ideas morales están profundamente arraigadas en el espíritu, que son inseparables de él, que son hechos primitivos, condiciones impuestas a nuestra naturaleza, contra las que nada pueden las cavilaciones de la filosofía.

3. Las ideas morales no se nos han dado como objetos de pura contemplación, sino como reglas de conducta; no son especulativas: son eminentemente prácticas; por esto, no necesitan del análisis científico para que puedan regir al individuo y a la sociedad. Antes de las escuelas filosóficas había moralidad en los individuos y en los pueblos, como antes de los adelantos de las ciencias naturales la luz inundaba el mundo y los animales se aprovechaban de los fenómenos notados y explicados por la catóptrica y dióptrica.

4. Así, pues, al entrar en el examen de la moral, es preciso considerar que se trata de un hecho; las teorías no serán verdaderas si no están acordes con él. La filosofía debe explicarle, no alterarle, pues no se ocupa de un objeto que ella haya inventado y que pueda modificar, sino de un hecho que se le da para que lo examine.

Por este motivo, los elementos constitutivos de las ideas morales es necesario buscarlos en la razón, en la conciencia, en el sentido común. Siendo reguladores de la conducta del hombre, no pueden estar en contradicción con los medios perceptivos del humano linaje, y debiendo dominar en la conciencia, han de encontrarse en la conciencia misma.

5. La razón, el sentido común, la conciencia, no son exclusivo patrimonio de los filósofos: pertenecen a todos los hombres; por lo que la filosofía moral debe comenzar interrogando al linaje humano, para que de la respuesta pueda sacar qué es lo que se entiende por moral o inmoral y cuáles son las condiciones constitutivas de estas propiedades.

CAPÍTULO II

CONDICIONES INDISPENSABLES PARA EL ORDEN MORAL

6. No hay moralidad ni inmoralidad cuando no hay conocimiento. Nadie ha culpado jamás a una piedra, aunque con su caída haya producido un desastre; ni ha juzgado meritoria la influencia del agua que da a las plantas verdor y lozanía. Este conocimiento, necesario para la moral, debe ser superior a la percepción puramente sensitiva, por cuya razón están exentos de responsabilidad los brutos. La moral exige un conocimiento de relaciones capaz de comparar los medios con los fines: una percepción inteligente; cuando esto falta, hay acciones físicas, provechosas o nocivas, pero no morales o inmorales.

7. De esto inferiremos que la primera condición para que una acción pueda pertenecer al orden moral es la *inteligencia* en el ser que la ejecuta. El orden moral corresponde, pues, únicamente al mundo intelectual, y de tal modo, que las criaturas racionales sólo están en el mientras usan de razón. En el sueño u otra situación cualquiera en que el uso de la razón esté interrumpido, no hay orden moral; y si se imputan algunas acciones como al borracho el asesinato, es porque con su conocimiento anterior había podido prever la perturbación mental y sus consecuencias.

8. El conocimiento de lo que se ejecuta no es suficiente si el sujeto no obra con espontaneidad libre. Espontaneidad, porque si procediese por violencia, como uno a quien se forzase la mano para escribir, no habría acción del sujeto: éste no sería más que un instrumento necesario del agente principal. Libertad, porque aun suponiendo que el acto se ejerce con espontaneidad y hasta con vivo placer, no hay orden moral si el sujeto obra por un impulso irresistible, si no puede evitar la acción que ejecuta. El niño que no ha llegado al uso de la razón, el demente, el delirante, hacen muchos de sus actos con espontaneidad, sin violencia de ninguna especie, tal vez con mucho gusto; y, sin embargo, sus acciones no son laudables ni vituperables; no pertenecen al mundo moral, porque el sujeto que obra, no procede con libertad de albedrío.

9. La inteligencia, o sea un conocimiento de relaciones, y la libertad, son necesarias para el orden moral; pero es preciso notar que por relaciones se entiende algo más que las de los medios con los fines, y por libertad, algo más también que la simple facultad de hacer o no hacer o de hacer esto o aquello; se entiende cierto grado de conocimiento y de libertad que no siempre se puede fijar con absoluta precisión, pero que determinan aproximadamente la razón y el sentido común. Un ejemplo hará comprender lo que quiero decir.

Un demente intenta escapar de su encierro y dispone los medios de la manera más adecuada; suple la llave con algún hierro que tiene a la mano, sale callandito, evita el encuentro de los vigilantes, arrima una escalera a una pared, se descuelga a la calle por una cuerda para evitar el daño de la caída, se dirige a la casa de su antiguo enemigo y le asesina. No hay duda que muchos dementes son capaces de proceder así, y, por consiguiente, hay en ellos un conocimiento de la relación de los medios con el fin. Si al salir de la puerta de su encierro hubiese visto a un vigilante, habría retrocedido, e indudablemente lo hubiera hecho si a la vista se siguiera la amenaza; por donde se conoce que al ejecutar su acción no obraba con un impulso del todo irresistible y que podía dejar de obrar en entendiendo que le tenía más cuenta para evitar el castigo; conservaba, pues, alguna libertad; no obraba por un impulso irresistible. Sin embargo, nadie dirá que el demente fuera responsable del asesinato: si algún día volviese a la razón, el recuerdo del homicidio no le rebajaría a los ojos de los demás hombres; sería digno de lástima, mas no de vituperio.

10. Para el orden moral se necesita una capacidad de conocer la moralidad de las acciones y de proceder libremente conforme a este conocimiento; la criatura intelectual no está en el orden moral, sino cuando se halla completa, por decirlo así; cuando, aunque no reflexione actualmente, es al menos capaz de reflexionar sobre el orden moral. Esto es tan cierto, que no se culpa a quien comete con pleno conocimiento y libertad un acto, cuya malicia moral ignoraba invenciblemente. En el orden físico, los actos son lo que son, prescindiendo del conocimiento de quien los ejecuta; pero en el moral todo depende del conocimiento y de la libertad del que obra, y este conocimiento y libertad deben ser capaces de referirse al mismo orden moral; de lo contrario, no producen acciones que pertenezcan a él.

CAPÍTULO III

NECESIDAD DE UNA REGLA FIJA

11. Capacidad de conocer lo que se ejecuta en el orden físico y en el moral y libertad para obrar o no obrar: he aquí las condiciones que se necesitan para que un acto pueda ser digno de alabanza o vituperio; así lo enseña la razón, lo juzga el sentido común y lo confirma la legislación de todos los pueblos. Pero hasta aquí hemos encontrado las condiciones necesarias, mas no las constituyentes; sabemos que aquéllas son indispensables para el orden moral, sin conocer por esto cuál es la esencia de la moralidad. Con conocimiento y libertad se hacen cosas buenas o malas, morales o inmorales. ¿En qué consiste esa bondad y malicia, esa moralidad o inmoralidad? ¿Cuál es la razón de que el mismo conocimiento y libertad produzcan acciones buenas o malas, según los objetos a que se aplican? Y, ante todo, ¿hay alguna regla fija que, distinga lo bueno de lo malo?

12. En el universo está todo en un orden y no debían formar excepción de esta regla las criaturas racionales. Pero ese orden no podía ser en ellas el efecto de una ley necesaria, a no mutilar su naturaleza despojándola del libre albedrío. Era preciso, pues, que en el ejercicio de sus facultades estuviesen sujetas a un orden que no las violentase y que les dejase lugar a la transgresión. Por donde se ve que la ley moral no es para las criaturas racionales una influencia de fuerza, sino de atracción, de limitaciones en varios sentidos, pero que siempre respeta su libertad de obrar. El que sabe la pena en que incurre si falta a sus deberes tiene limitada su acción por la influencia del temor; el que espera una recompensa de su obra, está atraído por el deseo del premio; pero ambos motivos, así el repulsivo como el atractivo, aunque puedan ejercer más o menos influencia sobre la voluntad, la dejan siempre libre: el uno puede cometer el delito arrostrando la pena, y el otro puede omitir la buena acción renunciando al premio.

13. Por lo mismo que la criatura libre no tiene un principio determinante necesario de sus acciones, es preciso buscar alguna regla a que pueda atenerse, o bien dejarla abandonada a todos los impulsos de su naturaleza. Esto último equivaldría a degradar la criatura racional, haciéndola de condición inferior a la de los brutos y aun de los seres inanimados, puesto que éstos tienen una regla a la cual se conforman por necesidad. Todo ser creado ejerce sus funciones en el orden del universo, y el ejercicio de ellas no puede estar abandonado al acaso si se quiere que el ser pueda llenar el objeto de su destino. Así, pues, será necesario convenir en que las acciones libres han de tener alguna regla y en la conformidad a la misma debe consistir la moralidad.

14. Esta regla no depende del arbitrio de los hombres: las acciones no son morales o inmorales porque se haya establecido así por un convenio, sino por su íntima naturaleza. ¿Podrían los hombres haber hecho que la piedad filial fuese un vicio y el parricidio una acción virtuosa; que el agradecimiento fuese malo y la ingratitud buena; que fuera vituperable la lealtad y laudable la perfidia; que la templanza mereciese castigo y la embriaguez fuera digna de premio? Es evidente que no; las ideas de bien y de mal convienen, naturalmente, a ciertas acciones; nada puede contra eso la voluntad del hombre. Quien afirme que la diferencia entre el bien y el mal es arbitraria contradice a la razón, al grito de la conciencia, al sentido común, a los sentimientos más profundos del corazón, a la voz de la humanidad, manifestada en la experiencia de cada día y en la historia de todos los tiempos y países.

CAPÍTULO IV

LA REGLA DE LA MORAL NO ES EL INTERÉS PRIVADO

15. Supuesta la necesidad y existencia de una regla, y probado que no es arbitraria, sino natural, busquemos cuál es.

16. Entre los errores que se han vertido sobre la materia, merece un lugar preferente el que confunde la moralidad con la utilidad privada. Según esto, lo útil a un individuo es moral para él; lo nocivo, inmoral; lo que no daña ni aprovecha es indiferente; el orden moral es el conjunto de las relaciones de utilidad: quien obra con arreglo a ellas obra bien; quien las perturba, obra mal. Las facultades de un ser deben dirigirse a proporcionarle el mayor bienestar posible: la relación con el grado de este bienestar es la medida de la moralidad de las acciones.

17. Desde luego, salta a los ojos que este sistema erige en base, de la moralidad el egoísmo: así comienza por fundarla en lo que le repugna, en lo que la destruye, a no ser que se engañe la humanidad entera. «Este hombre es un egoísta; para él nada hay bueno, sino lo que le ofrece utilidad»: he aquí una terrible acusación, según la conciencia de todo el género humano; y no obstante esta acusación, se convierte en elogio en el sistema que combatimos. «Este hombre es egoísta; sólo atiende a su utilidad; sólo a ella respeta»; significará este absurdo: «El egoísta es altamente moral, puesto que sólo respeta la utilidad, esencia de la moralidad.»

Esta observación basta y sobra para destruir tan errónea doctrina; sin embargo, bueno será examinarla y refutarla con más extensión y bajo todos sus aspectos.

18. ¿Qué es la utilidad? Es el valor de un medio para lograr un fin. Un caballo es útil, porque nos sirve para montar o conducir efectos; el dinero es útil, porque nos sirve para proveernos de lo que necesitamos; la pluma es útil, porque nos sirve para escribir. Cuando una cosa no conduce a otra se llama inútil para ella. Así, pues, las ideas de utilidad e inutilidad son esencialmente relativas; lo que es útil para una cosa es inútil para otra. Lo que no sólo no conduce al fin, sino que lleva a lo contrario, no se llama inútil, sino dañoso o nocivo. Para andar con desembarazo sirve la ligereza del traje; será útil con relación al objeto de andar: según la estación puede ser cómoda, entonces será útil para la comodidad; en invierno pudiera acarrear un catarro; será, pues, dañosa a la salud.

19. Siendo la utilidad una cosa relativa, cuando se quiera cimentar la moral sobre la utilidad privada es necesario comenzar por la definición de ésta, determinando el fin a que nos hemos de referir: según sea el fin será la utilidad. Sardanápalo creía hacer una cosa que le era muy útil embriagándose

de placeres; lo que consideraba como el sumo bien; supuesto que hacía poner en su busto la famosa inscripción de la cual dijo con verdad y gracia Aristóteles que no era de un rey, sino de un buey: «Tengo lo que comí, bebí y gocé; lo demás, ahí queda.» Pero si hubiéramos preguntado a Sócrates si miraba la frugalidad como dañosa o inútil, hubiera dicho que, a más de juzgarla moral, la creía muy *útil* a la salud y aun para ciertos goces. Así lo manifestó cuando, preguntado un día por qué daba un fuerte paseo, respondió: «Estoy sazonando la cena con el mejor condimento, que es el hambre.»

20. Si se hace consistir el fin en el placer, es preciso expresar en cuál, si en los sensibles o en los intelectuales, que también tiene los suyos la inteligencia.

21. Poner el fin del hombre en los placeres sensibles es trastornar el orden de la Naturaleza, tornando los medios por fines y los fines por medios. El placer de la comida se nos ha concedido para impelernos a satisfacer esta necesidad y hacernos el alimento más saludable; no nos alimentamos para sentir placer; sentimos placer para que nos alimentemos. Lo propio se puede decir de los demás, y en sentido opuesto de los dolores.

22. La prueba de que el fin no es el placer sensible se ve en la limitación de las facultades para gozar; el gastrónomo más voraz está condenado a privarse de muchas cosas, si no quiere morir; y para la inmensa mayoría de los hombres, los placeres de la mesa se reducen a un círculo mucho más estrecho. Todos los demás goces algo vivos están sujetos a la misma ley: quien la infringe, sufre; si continúa, pierde la salud, y si se obstina, muere.

23. Los placeres a que se ha dado mayor latitud, y cuyo goce está únicamente limitado por las precisas necesidades del reposo de los órganos, son aquellos que acompañan al ejercicio de la vista, del oído y del tacto en sus relaciones ordinarias. Vemos, oímos, tocamos continuamente sin experimentar ningún daño; al ejercicio de esto sentidos está unido cierto placer suave, que el Autor de la naturaleza nos ha otorgado para amenizar las funciones de la vida. Pero es de notar que las sensaciones que no nos destruyen ni fatigan son las que nos ponen en comunicación con el mundo externo, las que sirven a la inteligencia: indicio seguro de que el hombre no entiende para gozar sensiblemente, sino que goza sensiblemente para entender.

24. No puede ser verdadera una doctrina cuyas aplicaciones no se atreve a sostener quien conserve un rastro de pudor: «Mi fin es el placer; ésta es la única regla de mi moral, gozo cuanto puedo, y sólo ceso cuando temo morir; sin este peligro no pondría ningún límite a la sensualidad; los festines, las orgías, los desórdenes de todas clases formarían el tejido de mi vida; y entonces sería yo el hombre moral por excelencia, porque me atendría con rigor al principio de la moralidad: el goce.» ¿Quién puede sufrir tamaña imprudencia? ¿Quién se atrevería a semejante lenguaje?

25. No siendo el placer sensible la regla de la moral, ¿lo será tal vez la salud, aquel estado en que se ejercen con orden y armonía todas las funciones de nuestra organización? ¿Podremos decir que es moral lo que conduce a la conservación de la salud, y, por consiguiente, de la vida?

26. Desde luego salta a los ojos la extrañeza de confundir lo moral con lo saludable; y de poner lo principal de la moralidad en un lugar tan prosaico como es la cocina. El sentido común distingue entre la sanidad y la moralidad; reconoce acciones morales e inmorales con relación a los alimentos, a las habitaciones, y a cuanto contribuye a la conservación de la salud y de la vida; pero cree que la moralidad es algo superior a estas cosas, que sólo se aplica a ellas como a un caso particular, por la unión del ser inteligente y libre a un cuerpo sujeto a esta especie de necesidades.

27. La salud y la vida no son para sí mismas, sino para el ejercicio de las facultades vitales: la armonía de la organización no es un fin, es un medio para que los órganos funcionen bien; luego el tomar la salud y la vida como fines es trastornar el orden. Suponed un individuo perfectamente sano: si la moralidad consiste en la salud, éste será el hombre moral por excelencia; recostadle, pues, en un blando sofá, conservadle bien, con sus ojos claros, su tez brillante, sus mejillas encarnadas; y mostradle a los demás diciendo: «He aquí la virtud en persona; he aquí el fin de todo mortal: estar bien rollizo y fresco.»

La salud y la vida son para ejercer las facultades; y como ya hemos visto que el término de ésta no es el placer sensible, lo hemos de buscar en otras superiores, en el entendimiento y la voluntad.

28. ¿La moralidad se fundará en la inteligencia, de suerte que sea moral todo lo que conduzca al desarrollo de las facultades intelectuales, e inmoral lo que a esto se oponga?

No cabe duda en que esta opinión no ofrece la repugnante fealdad de las anteriores; el desenvolver las facultades intelectuales es una acción noble, digna del ser que las posee; el sentido moral no se subleva contra quien nos presenta el término del hombre en la esfera intelectual; la contemplación de la verdad es un acto noble, digno de una criatura racional. Sin embargo, esta idea, por sí sola, no nos explica el cimiento de la moralidad: nos agrada la acción de entender; pero todavía preguntamos en qué consiste ese carácter moral de que la inteligencia se reviste, en qué la inmoralidad que con frecuencia la afea y la degrada. Fingid una criatura racional, que conoce a su Autor; que por el estudio de su naturaleza halla cada día nuevas razones para admirar la sabiduría del Hacedor supremo, y que, sin embargo, se levanta contra Dios, le blasfema, y desea que no exista; esa criatura, aunque continúe desenvolviendo y perfeccionando su inteligencia con el estudio y la contemplación de altas verdades, ¿será moral? Claro es que no. Imaginad un filósofo que, dominado por la pasión del saber, no perdona medio ni fatiga para acrecentar sus conocimientos; y que, con el fin de proporcionarse lo que desea, olvida los deberes de su familia y de la sociedad; y es, además, injusto, reteniendo libros que no le pertenecen, usurpando propiedades de otros para acudir a los gastos de sus experimentos, viajes y demás que necesita y a que no alcanzan sus caudales; supongamos que es orgulloso, insolente, inhumano, ¿será moral? ¿Le bastará para la moralidad su ardiente pasión por la ciencia? Es evidente que no.

Luego la inteligencia no es la moralidad: luego la perfección del entendimiento no es la única regla de la moral. Una alta inteligencia puede concebirse con profunda inmoralidad; en cuyo caso, lejos de que la elevación de la primera excuse a la segunda, la hace más culpable, la falta es tanto mayor cuanto más claro es el conocimiento que de ella se tiene.

29. No hallamos, pues, en la utilidad privada el fundamento de la moralidad; ni aun refiriéndola a las facultades intelectuales, nos da la regla buscada; el ejercicio de éstas debe someterse a la regla, pero no son la regla misma. De lo cual se infiere que el egoísmo, ni aun en la acepción más elevada de esta palabra, no puede ser el fundamento de la moralidad. Sucede en esto como en las verdades del orden intelectual puro; si se quiere encontrar la razón de su verdad, necesidad y universalidad, es preciso salir del individuo, y extender la vista por regiones dilatadas.

CAPÍTULO V

LA MORALIDAD NO ES LA RELACIÓN A LA UTILIDAD PÚBLICA

30. Al desaparecer el interés privado, se ofrece, desde luego, el común. ¿Será posible cimentar la moralidad en la utilidad de todos, por manera que lo que conduzca al bien común sea moral y lo que a él se oponga sea inmoral?

31. Desde luego, ocurre una grave dificultad contra esta doctrina: ella rechaza al egoísmo como base de la moral; pero, en cambio, exime de la moralidad al individuo en aquellas acciones que no tengan relación con la sociedad, de suerte que para un individuo solo, aislado, no habría orden ni moral. La razón es evidente: si la moralidad es la relación al bien común, cuando esta relación falta, no hay ni puede haber moralidad, la consecuencia es profundamente inmoral, pero legítima, necesaria; no hay medio de eludirla.

Según esta doctrina, un ser inteligente considerado en sus relaciones con Dios no estaría sujeto a la moral; por manera que si no hubiese sociedad, si hubiese un hombre solo en el mundo, este hombre podría hacer lo que quisiese con respecto a sí y a Dios, sin infringir leyes morales.

Además, muchas de nuestras acciones exteriores e interiores no tienen ninguna relación con la sociedad: son actos puramente individuales que no favorecen ni dañan al bien común. Admitido que la moralidad nace únicamente de sus relaciones con este bien, gran parte de nuestras acciones queda fuera del orden moral; lo que, a más de ser contrario a la razón y al sentido común, es un manantial de inmoralidad. No, no es necesaria la sociedad para que tengan existencia y aplicación las ideas morales: una criatura inteligente que estuviese sola en el universo tendría sus deberes para consigo y con el Creador; desde el momento que hay inteligencia y libertad, hay el orden moral, que es su regla.

32. A más de estas dificultades, ocurre otra que no es de menos gravedad. Si la norma de la moral fuese el bien común, sería preciso explicar en qué consiste este bien. ¿Será el desarrollo de la inteligencia, será el bienestar material, o ambas cosas a un tiempo? En todos los supuestos, la moralidad quedará fluctuante. Porque si la inteligencia es el fin, se podrá descuidar el bienestar material y no será inmoral el dañarle ni el destruirle. Si se sobrepone el bienestar material, entonces la perfección de los pueblos consistirá en la mayor cantidad posible de goces: el epicureísmo condenado en el individuo, lo trasladaremos a la sociedad. Si son ambas cosas a un tiempo, falta saber en qué proporción se han de combinar: si se ha de sacrificar el uno al otro en ciertos casos y en favor de cuál se ha de resolver el conflicto. Nada habrá constante; la moralidad flotará a merced de las pasiones y caprichos de los

hombres; lo que unos llamarán moral, otros lo tendrán por inmoral; lo que éstos alabarán por virtud, aquéllos lo condenarán como vicio.

33. Esta incertidumbre afectará mucho más a los actos individuales que no se refieran inmediatamente al bien común. El suicida dirá: «A la sociedad no le *conviene* un miembro que sufre tanto como yo; quiero hacerle un bien apartando de su vista este cuadro aflictivo», y se matará. El ofendido por una palabra, dirá: «A la sociedad no le *convienen* hombres sin honra; yo debo lavar la mía con la sangre de mi enemigo, o morir», y se batirá en duelo. El pródigo dirá: «A la sociedad le *conviene* el progreso de la industria y del comercio; yo la fomento con mi lujo y disipación; la suerte de mis hijos, cuyo porvenir destruyo, no vale tanto como el bien de la sociedad», y seguirá dilapidando. Y como a estos insensatos no se les podría reconvenir con la ley moral, con ese conjunto de máximas fijas, eternas, que arreglan la conducta del individuo y de la sociedad, necesario sería calcularlo todo por el *resultado;* el cálculo sería tan variable como las pasiones y, caprichos, y en vez de una moral social no tendríamos ninguna.

CAPÍTULO VI

RAZONES CONTRA EL PRINCIPIO UTILITARIO
EN TODOS SENTIDOS

34. Los que confunden la moralidad con la utilidad, sea que hablen de la privada o de la pública, caen en el inconveniente de reducir la moral a una cuestión de cálculo, no dando a las acciones ningún valor intrínseco y apreciándolas sólo por el resultado. Esto no es explicar el orden moral, es destruirle, es convertir las acciones en actos puramente físicos, haciendo del orden moral una palabra vacía. Hagámoslo sentir poniendo en escena las varias doctrinas y empezando por la del interés privado.

Un hombre quiere matar a su enemigo. ¿Qué le diréis para hacerle desistir de su intento criminal? Veámoslo.

—Este es un acto injusto.

—¿Por qué? ¿Qué es la injusticia? Yo no reconozco más justicia ni moralidad que lo que conviene a mis intereses, y ahora para mí no hay interés más vivo, más estimulante, que el de saciar mi venganza.

—Pero de esto le puede resultar a usted un grave perjuicio, cayendo en seguida bajo el rigor de las leyes.

—Procuraré evitarlo; además, estoy completamente seguro.

—¿Está usted seguro de ello?

—Sí, del todo; pero suponed que no lo estuviera. Esto, ¿qué importa?

—Entonces se expone usted.

—Ciertamente; pero el peligro es lejano y la satisfacción es segura: opto por la segunda y arrostro el primero.

—Pero esto es reprensible...

—No; porque, según usted, mi regla es mi interés: éste le debo conocer yo; lo más que puede suceder es que yerre yo en mis cálculos; cometeré un error, no un delito.

—Mas la acción no dejará de ser fea, pudierais calcular mejor.

—Que tal vez pudiera calcular mejor, lo admito; pero niego que un error de cálculo sea una cosa fea. ¿Hay algo más que mi interés? ¿Sí o no? Si no hay más, y yo me lo juego, por decirlo así, ¿dónde está la fealdad?

—En efecto, si se tratara sólo de usted; pero hay de por medio la vida de un hombre y la suerte de su familia.

—Cierto; pero ni esa vida, ni la suerte de toda una familia, son *mi interés;* y supuesto que no hay otra regla que ésta, lo demás es inconducente. Con la venganza disfruto; con la muerte del enemigo me quito de delante un objeto que me molesta: lo restante no significa nada.

35. Fácil sería extender la aplicación de la doctrina del interés privado a todos los actos de la vida, manifestando que, en último análisis, es la muerte de toda moral, pues erige en única regla las pasiones y los caprichos.

36. La doctrina del interés social o del bien común adolece de inconvenientes semejantes. Ya hemos visto (33) cómo la podrían explotar todos los vicios y delirios de los hombres: bajo la engañosa apariencia del desprendimiento encierra la más deforme inmoralidad. En nombre del bien común se han cometido los más horrendos crímenes, contra los que protesta la conciencia del género humano; pero si admitimos que la moralidad no tiene reglas intrínsecas, propias, independientes de sus resultados, esos crímenes se pueden justificar reduciéndolos, cuando menos, a simples errores de cálculo.

Un tirano, para guardarse de un enemigo terrible, sacrifica centenares de personas inocentes: la humanidad le execra; pero vuestra doctrina le justifica. «Así lo exige el bien común», dirá él; no hay bien común que justifique la maldad; el fin no justifica los medios. «Esto último no es exacto, responderéis vosotros; la cuestión no está en si el acto es moral o inmoral en sí mismo, sino en si conduce o no al bien común; según conduzca o no, será moral o inmoral; pues su moralidad o inmoralidad depende de sus relaciones con el bien común. Tirano, calcula; y si el resultado del cálculo es que la matanza de muchos inocentes es *útil* al bien común, sacrifícalos, y si no lo haces serás inmoral.»

37. He aquí las horribles consecuencias a que conducen las doctrinas que aprecian la moralidad por los resultados. Todo se reduce a una cuestión de cálculo, que las pasiones cuidarán de resolver a su modo; y por desastres que resulten, por más que lo que se creía favorable al interés privado o al común le sea muy dañoso, no hay inmoralidad intrínseca: hay un error de cálculo, no un delito. No hay, pues, nada digno de alabanza ni vituperio; no hay mérito ni demérito; no hay premio ni castigo. Cuando se aplique una pena, ésta no será más que un medio represivo, semejante a los que se emplean contra los brutos: el hombre que arrostre la multa, la prisión, el destierro, la muerte, por cometer un acto que las leyes repriman, será, si se quiere, un jugador torpe o temerario; un hombre que habrá hecho un negocio desigual, nada más; y al verle morir en el patíbulo no deberemos decir que satisface a la justicia, que paga su merecido, que expía sus crímenes, sino que liquida una cuenta de un negocio conducido erradamente, en cuyo término hay un cargo contra él, que es la pérdida de la vida.

38. La razón y el sentido común ven en la moralidad algo muy superior a una cuestión de cálculo, y de aquí dimana el desprecio que se acarrea el egoísmo, la necesidad que tiene de ocultarse y de engalanarse con velos hipócritas; de aquí el aprecio que nos inspira el desinterés de quien cumple sus deberes sin atender a los resultados, y el que consideremos que no hay

belleza moral en un acto cuando su autor sólo se ha movido por una razón de utilidad.

Dos hombres mueren por su patria: ambos ejecutan lo mismo; igual es el bien público que de su muerte dimana, igual el sacrificio con lo que obtienen: el uno es ambicioso y sólo se proponía conseguir un alto puesto; el otro es un sincero amante del bien público y muere porque cree que morir es su deber. ¿De qué parte está la moralidad? La hallamos en el segundo, que prescinde de la utilidad propia; no en el primero, en quien sólo vemos un calculador que juega su vida por la probabilidad de adquirir lo que ambiciona.

Dos gobernantes que tienen en rehenes a individuos inocentes de las familias del enemigo se abstienen de matarlos y atropellarlos y les dan libertad.

La conducta del uno es motivada por miras de interés público, porque cree que de este modo contribuye al triunfo de la causa, desarmando la cólera del enemigo y adquiriendo a su Gobierno un buen nombre; la del otro es efecto de la idea del deber: les da libertad porque cree que así lo exigen la humanidad y la justicia. ¿En cuál de los dos vemos al hombre moral? En el segundo, no en el primero.

La razón del bien común no nos basta para que hallemos moral la acción: ésta tiene en ambos el mismo resultado; pero la diferente intención de sus autores le da caracteres diversos: en el uno reconocemos moralidad; en el otro, habilidad.

CAPÍTULO VII

RELACIONES ENTRE LA MORALIDAD Y LA UTILIDAD

39. Al distinguir entre la utilidad y la moralidad no entiendo separar estas dos cosas, de suerte que la una excluya a la otra: por el contrario, las considero íntimamente unidas, ya que no en cada caso particular, al menos en su resultado final. La moral es también útil: un individuo que cumple fielmente con sus deberes no sólo logrará la felicidad, que está reservada a los justos después de la muerte, sino que con mucha frecuencia será dichoso en esta vida en cuanto es posible a la condición humana. Sus goces no serán tan vivos y variados como los del hombre inmoral; pero serán más dulces, más constantes: exentos de amargura, no dejarán en el alma el roedor gusano del remordimiento. Su posición en la sociedad no será, quizá, tan elevada y brillante; pero tampoco le atormentará la idea de que sus iguales le detestan, sus inferiores le maldicen y sus superiores le desprecian; tampoco estará temiendo de continuo una caída que le precipite en la nada y que le haga expiar las villanías y los delitos con que se levantara sobre los demás. La dicha del hombre inmoral es ruidosa, fastuosa; la del hombre de bien es modesta, tranquila, se desliza en el silencio y obscuridad de la vida, como aquellos mansos arroyos que murmullan suavemente en un valle retirado, sin más testigos que la verde hierba que tapiza sus orillas y la luz del cielo que refleja en su cristalina corriente.

40. Lo propio que en los individuos se verifica en la sociedad. Una nación corrompida deslumbra tal vez con el esplendor de sus letras y bellas artes; pero bajo el manto de púrpura y de oro abriga la llaga mortal que la conduce al sepulcro. La Roma de los Brutos, Camilos, Fabios, Manlios y Escipiones no brillaba tanto, ciertamente, como la de los Tiberios, Nerones y Calígulas; sin embargo, la Roma modesta marchaba a pasos agigantados a un grandor fabuloso, al imperio del mundo; y la Roma brillante iba a caer bajo el hierro de los bárbaros y a ser la irrisión de las naciones. Un Estado, por un acto de perfidia con que falta a los Tratados, adquirirá tal vez una posición importante, una ventaja del momento; pero esto no compensa su descrédito a los ojos del mundo y los perjuicios que le ha de acarrear su reputación de perfidia. Un Gobierno que para la administración del Estado promueve la corrupción y fomenta la venalidad, conseguirá resultados momentáneos, que le conducirán quizá con brevedad al fin que se propone; pero dejar pasar el tiempo. La venalidad se extenderá de tal modo, que bien pronto faltarán medios para comprar a los que quieran venderse; se presentarán, por decirlo así, mejores postores en esa subasta de hombres, y el mismo Gobierno que

había tomado por base la corrupción, se hundirá bien pronto en el inmundo lodazal, obra de sus manos.

41. La utilidad bien entendida no sólo está hermanada con la moralidad, sino que puede también ser objeto *intentado* en la acción moral, sin que ésta se afee ni pierda su carácter. El honrado padre de familia que con su trabajo sustenta a sus hijos, se propone la utilidad que gana con el sudor de su frente; el soldado que muere por su patria se propone el bien público que de su sacrificio resulta; la persona caritativa que socorre al pobre intenta la utilidad del socorrido; el individuo laborioso que se desvela por aprender un arte o una ciencia, o por procurarse una posición decente, intenta su utilidad privada; en los medios que empleamos para conservar o restablecer la salud intentamos nuestra utilidad propia. ¿Y quién dirá que semejantes acciones dejan por esto de ser morales? ¿No sería bien extraña una moralidad que prescribiese al padre el trabajar por el sustento de su familia, sin intentar esa utilidad; al soldado el morir por su patria, sin intentar el fruto de su muerte; al misericordioso el socorrer al pobre, sin intentar la utilidad del infeliz; al individuo perfeccionar sus facultades o labrar su fortuna, sin intentarlo; a todos conservar la salud, sin proponernos su conservación? No se entiende de este modo el desinterés moral; se entiende, sí, que la razón constitutiva de la moralidad no es la utilidad; se afirma que la una no es la otra, pero que no estén reñidas; por el contrario, se hallan íntimamente enlazadas. La utilidad no constituye la moralidad; pero muchas veces es una *condición* necesaria para ella. ¿Cómo se concibe un conjunto de relaciones morales en un hombre cuyas acciones no sean útiles a nadie? La beneficencia, uno de los más bellos florones de la corona de las virtudes, ¿en qué se convierte si no se dirige a la utilidad de los demás? El heroísmo con que el hombre se sacrifica por el bien de sus semejantes, ¿a qué se reduce si se le separa de este bien, de esa utilidad para los otros? El hombre puede y debe intentar los resultados que corresponden a cada acción moral; sin esta intención sucedería muchas veces que sus obras carecerían de objeto y que la moralidad sería un cosa vana o una contradicción.

42. La combinación de la utilidad con la moralidad nos la indica nuestro deseo innato de ser felices. Respetamos, amamos la belleza moral; éste es un impulso de la Naturaleza; pero también esa misma Naturaleza nos inspira un irresistible deseo de la felicidad: el hombre no puede desear ser infeliz; los mismos males que se acarrea los dirige a procurarse bienes o a libertarse de otros males mayores; es decir, a disminuir su infelicidad. Así, la moral no está reñida con la dicha; aun cuando la razón no nos lo enseñara, nos lo indicaría la Naturaleza, que nos inspira a un mismo tiempo el amor de la felicidad y el de la moral.

43. ¡Cosa singular es la moralidad! Su belleza la vemos, la sentimos en sus acciones y nos atrae y cautiva; la fealdad de lo inmoral la vemos, la sentimos, nos repugna, nos repele, nos inspira aversión; el orden moral se liga con el

provecho y el daño; pero no es ni el daño ni el provecho; se dirige a los resultados, pero es independiente de ellos: se consuma en la conciencia con el acto libre de la voluntad y allí merece su alabanza o vituperio, sean cuales fueren los efectos imprevistos que cause en lo exterior. Tan íntima es la relación de la moral con el bien del individuo, de la sociedad y del linaje humano, que a primera vista parece confundirse con esos bienes; donde se halla una utilidad individual o general, allí hay ciertas ideas morales que moderan, que dirigen; y al propio tiempo es tal su independencia con respecto a esas mismas cosas, con las cuales está ligada; conserva de tal modo inalterable su carácter en medio de la variedad de los objetos, que parece no tener ninguna relación con ellos y ser una especie de divinidad a la que no afectan las vicisitudes del mundo.

44. Hagámoslo sentir con ejemplos. Hay un hombre que viendo en peligro a su patria resuelve dar su vida para salvarla: no se propone ni hacer fortuna en caso de sobrevivir al riesgo, ni mejorar la suerte de su familia, ni siquiera adquirir celebridad: él sólo tiene noticia del peligro de su patria y no le es posible comunicar la noticia a nadie: sólo, sin más testigo que Dios y su conciencia, sin más deseo que el bien de sus compatricios, marcha al peligro y muere: esto es lo sublime, moral; no sabemos cómo expresar el interés, la admiración, el entusiasmo que nos inspira tan heroico desprendimiento, un amor tan puro de la patria, un corazón tan grande, una voluntad tan firme. Muere; pero, ¡ay! ¡Ha sido víctima de un engaño que no ha podido prever ni sospechar! Su muerte, lejos de salvar la patria, la ha perdido para siempre. El resultado es desastroso. ¿Se disminuye la moralidad y el heroísmo de la acción? No; ha producido una catástrofe, es verdad; «pero él no la podía prever—diremos—; el mérito es el mismo.» ¿Y por qué? Porque la raíz de este mérito estaba en la voluntad, en la conciencia; procedía del amor puro de su patria, en cuyas aras se inmolaba, sin más testigos que Dios y su conciencia y guiado por la idea del bien, por la prescripción del deber, por el amor de la virtud. El heroísmo no deja de serlo por haber sido desgraciado; sobre la tumba de la patria debería levantarse la estatua del héroe.

Hágase la comprueba. Un hombre vil ocupa una posición importante, de cuya conservación depende la suerte de su patria. El enemigo le ofrece una cantidad y se presta a venderla, conociendo todo el daño que resulta de su acción infame. Entretanto, el Gobierno a quien sirve, deseoso de asegurarse la fidelidad del traidor, le promete un premio mayor que la cantidad de la venta; el infame calcula y, conociendo que le es más ventajoso permanecer fiel, conserva la posición, la defiende con obstinación invencible y salva a su patria. El resultado es feliz; pero, ¿qué os parece del hombre? Su acción es felicísima, pero no moral; por el contrario, es negra como sus bajos cálculos; todo el brillo de los resultados no es capaz de ennoblecerla: el triunfo que a ella es debido se liga con el recuerdo de una sórdida especulación; la patria fue salvada porque fue el mejor postor en la conciencia venal; en los trofeos

de la victoria desearíamos ver escrita con caracteres indelebles la infamia del
vencedor.

CAPÍTULO VIII

NO SE EXPLICA BASTANTE LA MORALIDAD CON DECIR QUE LA MORAL ES LO CONFORME A LA RAZÓN

45. La razón nos prescribe la moral. ¿Consistirá la moralidad en la conformidad con la razón? Analicémoslo.

46. ¿Qué se entiende aquí por conformidad a la razón? Y ante todo, ¿qué significa la palabra "razón"? Suele tomarse en varias acepciones; a veces expresa la facultad de pensar, o el entendimiento, en cuyo sentido se dice que el bruto carece de razón, y que el demente ha perdido el uso de la razón; a veces significa el conjunto de las verdades fundamentales, que son como las leyes de nuestro entendimiento: y así decimos que tal o cual cosa es contraria a la razón, y que lo absurdo es contra la razón, porque se halla en contradicción con estas verdades. Por fin, la razón se toma frecuentemente por la equidad y justicia moral, «Pretende eso y tiene razón, es lo justo; se resiste a desposeerse de tal propiedad, y no tiene razón, porque no le pertenece; exige en el contrato condiciones razonables»; en estos y otros casos, razón se toma por equidad o justicia. Ninguna de estas acepciones basta para que, diciendo: «Conforme a la razón», resulte explicado el carácter constitutivo de la moralidad.

47. Ser conforme a la razón, significando por esta palabra la facultad de entender, es no decir nada. Una facultad incluye actividad, pero ésta puede ejercerse de mil maneras; ser conforme a una actividad, es ser proporcionado a ella, o ser una condición que la desenvuelva; pero en todo eso nada encontramos que nos dé ideas morales.

48. Decir que la moralidad es la conformidad a la razón, esto es, al conjunto de verdades que ella conoce, es: o no decir nada, o caer en un círculo vicioso. Porque en este conjunto de verdades entran las morales o no: si entran, la proposición significa que la moralidad consiste en la conformidad a las verdades morales, lo que es explicar la cosa por sí misma y, por tanto, no aclarar nada; si no entran, entonces observaremos que la conformidad a la razón será conformidad con lo conocido; y aplicarse de infinitas maneras, nos quedamos sin ninguna regla moral, y el hombre podrá cometer las acciones que quiera en conformidad con sus conocimientos. Verdad hay en los cálculos del traidor; verdad en los insidiosos preparativos del asesino; verdad en las invenciones del sensual para prolongar, variar y avivar sus placeres; verdad en las especulaciones del codicioso; verdad en los planes del ambicioso turbulento; verdad en los designios del orgulloso, que todo lo sacrifica en sus aras; en tales casos, hay verdades de hecho, conocidas, calculadas; verdad en las relaciones del medio con el fin.

¿Diremos, sin embargo, que hay moralidad? Claro es que no; luego el conocimiento por sí solo no es regla de moral; el conocimiento de un arma de que podemos hacer bueno y mal uso; necesitamos, pues, un principio que le dirija y que le dé ese carácter que en sí propio no tiene.

49. Si por la palabra "razón" se entiende justicia, equidad u otra idea moral, caemos en el mismo defecto arriba censurado: se explica la cosa por sí misma, y así no se adelanta nada.

CAPÍTULO IX

NADA SE EXPLICA CON DECIR QUE LA MORAL ES UN HECHO ABSOLUTO DE LA NATURALEZA HUMANA

50. Las ideas morales están en nuestro espíritu; en la razón que las conoce, en la voluntad que las ama, en el corazón que las siente. ¿Podríamos, decir que la moralidad es un hecho primitivo del alma y que su valor intrínseco depende de nuestra propia naturaleza racional?

51. La naturaleza humana, en general, es un ser abstracto, en el que no puede fundarse una cosa tan real e inalterable como es la moralidad; tomada individualmente, no es otra cosa que el hombre mismo, y en éste tampoco se puede hallar el origen de la moral. El individuo humano es un ser contingente: el orden moral es necesario; antes que nosotros existiéramos, el orden moral existía; y éste continuaría aunque nosotros fuésemos aniquilados; en ningún individuo humano se halla el origen de su conjunto. Nosotros concebimos las ideas morales independientes, no sólo de éste o aquel individuo, sino de de una cosa necesaria; luego tampoco puede hallarse en toda la humanidad; aunque no existiese hombre alguno, habría orden moral, con tal que hubiese criaturas racionales. El hombre es uno de los seres que por su racionalidad son susceptibles del orden moral, pero no el origen de este orden.

52. Los que miran la moralidad como un hecho absoluto del espíritu humano, sin ligarla con la existencia de un ser superior, no explican nada; no hacen más que consignar el hecho de las ideas y sentimientos morales, para lo cual no necesitamos, ciertamente, de investigación filosófica: son cosas que todos llevamos en el entendimiento y en el corazón; para cerciorarnos de ellas, bástanos el testimonio de la conciencia.

CAPÍTULO X

ORIGEN ABSOLUTO DEL ORDEN MORAL

53. Precisados a salir del hombre para buscar el origen del orden moral, y siendo claro que hemos de encontrar la misma insuficiencia en las demás criaturas, es necesario que le busquemos en la fuente de todo ser, de toda verdad y de todo bien: Dios.

Lo que se ha dicho (V. *Ideología,* cap. XIII) sobre el fundamento de la posibilidad y de las verdades ideales necesarias, tiene aplicación aquí. Los principios morales son también necesarios; inmutables; y así no pueden fundarse en un ser contingente y mudable. Luego su origen está en Dios.

54. Pero queda todavía la dificultad sobre el sentido de la doctrina que pone en Dios el origen de las verdades morales. ¿Se entiende que dependan de su libre voluntad? No. Porque de esto se seguiría que lo bueno sería bueno, y lo malo, malo, solamente porque Dios lo había establecido; de suerte que, sin mengua de su santidad, hubiera podido hacer que el odio de la criatura al Creador fuese una virtud y el amor un vicio; que el aborrecer a todos los hombres fuese una acción laudable, y el amarlos, vituperable. ¿Quién puede concebir tamaños delirios? Por donde se ve que el orden moral tiene una parte necesaria, independiente de la libre voluntad divina; por la sencilla razón de que Dios, todo verdad, todo santidad, no puede alterar la esencia de las cosas, pues que ésta se halla fundada en la misma verdad y santidad infinita.

55. A medida que se va analizando la cuestión, el terreno se despeja y nos encontramos con menos elementos que puedan pretender a ser principios de la moralidad: no la hallamos fundada en ninguna criatura, ni tampoco en la libre voluntad divina; luego será algo necesario en Dios mismo. El origen de la moralidad, ¿será la misma bondad moral de Dios, la santidad infinita? Pero ¿qué es bondad moral? ¿Qué es santidad? ¿Qué queremos significar por estas palabras? He aquí una nueva dificultad.

56. Si antes de lo contingente es lo necesario, antes de lo condicional lo incondicional, antes de lo relativo lo absoluto, claro es que esa bondad moral, contingente no en sí, sino en el ser creado; condicional, por la dependencia de las condiciones a que en su aplicación está sujeta; relativa, por los extremos a que se refiere, ha de estar precedida de una bondad moral absoluta, que no se funde en otra cosa que en sí misma, que sea la bondad moral por esencia y excelencia; de suerte que en llegando a ella ya no sea posible pasar más allá en busca de otras explicaciones. El mismo lenguaje con que expresamos la razón de la moralidad indica el carácter absoluto de su origen. Conforme a razón, a la ley eterna, a los principios eternos: estas

expresiones indican relación de *conformidad* a una bondad necesaria, es decir, la dependencia en que lo relativo está de lo absoluto.

57. ¿Cuál es, pues, el atributo de Dios o el acto que concebimos como bondad moral, como santidad? No es su inteligencia, ni su poder, sino el amor de su perfección infinita. El acto moral por esencia, el acto constituyente, por decirlo así, de la bondad moral de Dios, o sea de su santidad, es el amor de su ser, de su perfección infinita; más allá de esto nada se puede concebir que sea origen de la moral; más puro que esto no se puede concebir nada en el orden moral. El amor con que Dios se ama a sí mismo es la santidad; es, por decirlo así, la moral viviente. Todo lo que hay de moralidad real y posible dimana de aquel piélago infinito.

58. La santidad de Dios no es cumplimiento de un deber: es una necesidad intrínseca, como la de existir. No se puede buscar la razón del amor que Dios se tiene a sí mismo: esto es una realidad absolutamente necesaria. Del hombre se dice muy bien *que ha de* amar a Dios; pero de Dios no se debe decir esto, sino que *se ama;* enunciando de una manera absoluta una verdad absoluta. A quien insistiese en preguntar por qué Dios se ama a sí mismo, le replicaríamos que la pregunta es tan extraña como esta otra: ¿Por qué Dios existe? Lo necesario no tiene la razón de sí mismo fuera de sí mismo; es: y ya está dicho todo; nada se puede añadir. Lo propio diremos de la santidad: Dios es infinitamente santo por el amor de sí mismo: de ese amor no puede señalarse otra razón sino que *es.* Pero en cuanto podemos ensayar con nuestra débil razón la explicación de lo infinito, ¿concebimos acaso algo más recto, más conforme a la razón, que el amor de la perfección infinita? El amor ha de tener algún objeto: éste es el ser; no se ama a la nada: cuando, pues, hay el ser por esencia, el ser infinito, hay el objeto más digno de amor. Pero no insistamos en manifestar una verdad tan clara que no necesita explicación.

59. Veamos ahora cómo de la santidad infinita, del acto moral por esencia, del amor de Dios, de la moralidad sustancial y viviente, dimana la moralidad ideal que hallan en sí propias todas las criaturas intelectuales, y que se realiza bajo distintas formas en las relaciones del mundo intelectual.

CAPÍTULO XI

CÓMO DE LA MORALIDAD ABSOLUTA DIMANA LA RELATIVA

60. Dios, viendo desde la eternidad el mundo actual y todos los posibles, veía también el orden a que debían estar sujetas las criaturas que los compusieran. Una obra de la sabiduría infinita no podía estar en desorden; y mucho menos la más noble entre ellas, que era la intelectual. Amándose Dios a sí mismo, amaba también este orden, y le quería realizado en el tiempo por las criaturas racionales cuando se dignase sacarlas de la nada. Pero cómo esta realización debía ser ejecutada libremente, pues que los seres dotados de inteligencia no pueden estar sujetos en sus actos a la necesidad, como los irracionales, debía comunicárseles esta regla por medio del conocimiento con el cual dirigieran su voluntad. Así sucedió, y la impresión de esta regla en nuestro espíritu, hecha por la mano del Creador, es lo que se llama ley natural.

61. Entre las prescripciones de esta ley, figura en primera línea el amor de Dios; el orden moral en la criatura no podía fundarse en otra cosa; ya que el amor de Dios a sí mismo es la moralidad por esencia, la participación de esta moralidad debía ser también la participación de este amor. Y he aquí una prueba filosófica de la profunda sabiduría de la religión cristiana, que establece el amor de Dios como el mayor y primero de los mandamientos.

62. Claro es que el hombre, atendida su debilidad, no puede estar siempre pensando en el amor de Dios; por lo cual, no es necesario que todos sus actos lleven de una manera explícita este augusto carácter; pero puede, sí, obrar de modo que nada haga contrario a este amor, y conformar sus actos al orden prescrito. Cuando así proceda, aunque sus acciones no estén expresamente motivadas por este amor, participan de él en alguna manera; y en esta participación consiste la moralidad: en lo contrario, la inmoralidad.

63. Esta doctrina no es una mera hipótesis para explicar un hecho: si su exposición no bastase para manifestar su verdad, he aquí de qué modo podríamos, confirmarla.

La moral, como necesaria y eterna, no se funda en ninguna criatura; luego su origen está en Dios. La bondad moral participada ha de estribar en la moral por esencia; esta es la santidad divina. Cuando un hombre es muy bueno moralmente, se le apellida santo; la bondad por esencia será la santidad por esencia. La Santidad divina es el amor que Dios se tiene a sí mismo: este amor participado hace la santidad de la criatura; el amor por esencia ha de ser la santidad por esencia. Además, los otros atributos de Dios no se refieren directamente al orden moral; éste es el único en que descubrimos este carácter; nada podemos concebir más bueno y más santo que el acto puro, infinito, con que Dios ama su perfección infinita.

La moralidad en la criatura no puede ser otra cosa que una participación de la moral divina. La primera y principal de estas participaciones es el amor de la criatura a Dios.

64. Dios ama el orden que corresponde a las criaturas conforme a lo que está en la sabiduría infinita. La criatura amando este orden ama lo que Dios ama, lo que está en Dios, y, por consiguiente, ama en algún modo a Dios. Infringiendo este orden no ama a Dios, pues que obra contra lo que él ama. Luego la criatura participa de la moralidad cuando procede con arreglo a este orden, y peca cuando le traspasa.

65. Así hemos encontrado lo absoluto en moral, fundamento de lo relativo; lo infinito, origen de lo finito; lo esencial, fuente de lo participado. Con esta piedra de toque podemos recorrer toda la moral y reconocer la bondad o la malicia de las acciones.

CAPÍTULO XII

EXPLICACIÓN DE LAS NOCIONES
FUNDAMENTALES DEL ORDEN MORAL

66. Ahora podemos definir el orden moral y todas sus ideas fundamentales.

67. La moralidad absoluta y esencial es la santidad infinita, o sea el acto con que Dios ama su perfección infinita.

68. La moralidad en los seres creados es el amor de Dios explícito o implícito.

69. El amor explícito es el mismo de amar a Dios; éste es el acto moral por excelencia.

70. El amor implícito es el amor del orden que Dios ama en sus criaturas.

71. El orden moral es el orden en las criaturas, en cuanto amado por Dios.

72. Bien moral, relativo y finito, es lo que pertenece al orden amado por Dios en las criaturas, en cuanto es realizable por seres inteligentes y libres. Mal moral es lo que es contrario al orden amado por Dios, en cuanto la contrariedad es realizable por criaturas libres.

73. Vínculo moral, tomado en su mayor generalidad, es un límite que deja intacta la libertad física; pero que influye en la inteligencia y voluntad del ser libre para que ejerza o no su acción en cierto sentido. La voluntad es físicamente libre para querer una cosa mala; pero no la quiere porque es mala, o porque acarrea castigo; he aquí un límite; un vínculo moral produciendo su efecto sin destruir la libertad.

74. Ley natural es la comunicación del orden moral hecha por Dios al hombre desde su creación, en cuanto produce en éste un vínculo moral.

75. Mandamiento o precepto es el acto que produce este vínculo moral con respecto a la ejecución de una cosa. Prohibición es el acto que liga moralmente para no ejecutar una acción.

76. Lícito es lo que no contraría el orden moral; ilícito, lo que le contraría.

77. Deber es la sujeción de la criatura libre al orden moral.

78. La obligación, tomada esta palabra en su mayor generalidad, se confunde con el deber. Se llama obligación porque la sujeción al orden moral forma una especie de vínculo que, respetando la libertad física, la *liga* en el orden moral, en cuanto la criatura no puede apartarse de este orden sin hacerse culpable y sin incurrir en una pena.

79. La idea de derecho incluye dos: la de lícito con relación al sujeto que lo tiene, y la obligación de los demás en respetársele.

Camilo puede pasearse; los otros no pueden impedírselo. Camilo, tiene, pues, derecho al paseo. Si estuviese solo en el mundo, el paseo le sería lícito; pero no se diría que esta licitud (si puedo expresarme así) fuese un derecho.

Salustio puede reclamar el dinero, que ha prestado a su amigo; y éste tiene obligación de devolvérselo. En Salustio hay un derecho.

Luego el derecho incluye siempre obligación o deber en otro, ya sea para hacer, ya para no impedir.

80. Imputabilidad moral es el conjunto de las condiciones necesarias para que una acción pueda ser atribuida a una criatura en el orden moral. Estas son: conocimiento del acto imputado y libertad en su ejecución. (Capítulo II)

81. Responsabilidad moral es la sujeción a la imputabilidad y a sus consecuencias.

82. Culpa es la misma responsabilidad por una mala acción. «Es culpable, no es culpable»; esto es, ha obrado mal, o no; es responsable de un mal, o no.

83. Pecado es una acción mala. Se suele aplicar este nombre a las acciones malas consideradas únicamente con relación a Dios. Cuando se las refiere a las leyes humanas se apellidan faltas, delitos o crímenes, según su gravedad y naturaleza. Hay pecados de omisión.

84. Premio es un bien otorgado a un ser a consecuencia de una acción buena que le pertenece como imputable.

85. Pena es un mal causado al ser libre, por motivo de una acción mala de que es responsable. El castigo es la aplicación de la pena.

86. Virtud es el hábito de obrar bien.

87. Vicio es el hábito de obrar mal.

Para ser virtuoso no basta ejecutar una acción buena; es preciso tener el hábito de obrar bien; así como por un acto malo se hace el hombre culpable, mas no vicioso.

88. Laudable es el ser la acción digna de que la reconozcan y aprecien los demás, como conforme al orden moral.

89. Vituperable es lo digno de que los demás lo reconozcan y censuren como contrario al orden moral.

90. Conciencia es el dictamen de la razón que nos dice: esto es bueno, aquello es malo.

91. Si hay verdad en el juicio de la moralidad de un acto, la conciencia se llama recta; si hay error, errónea; si hay certeza, cierta; si hay probabilidad, probable. La conciencia dudosa es la que está fluctuante entre el sí y el no.

92. El error es invencible, cuando no lo hemos podido evitar; de lo contrario, es invencible. Lo mismo se aplica a la ignorancia de una obligación. Si por ignorancia invencible cometemos un acto malo, no somos culpables; pero la ignorancia vencible no exime de culpa.

CAPÍTULO XIII

CÓMO SE EXTIENDE EL ORDEN MORAL A LO QUE NO LE
PERTENECE POR INTRÍNSECA NECESIDAD

93. Hasta aquí hemos considerado el orden moral en sus relaciones necesarias; fáltanos ahora saber cómo se extiende a muchas cosas que no participan de esta necesidad. Lo que pertenece al orden moral necesario está mandado porque es bueno o prohibido porque es malo: lo que está fuera de dicha necesidad es bueno porque está mandado o malo porque está prohibido. El amor de Dios está mandado porque es bueno; el perjurio está prohibido, porque es malo. La observancia de un rito, por ejemplo, la abstinencia de ciertos manjares, es buena porque está mandada; el comer de ellos es malo porque está prohibido. Los mandamientos relativos al orden necesario se llaman naturales; los demás, positivos.

94. La obligación positiva es una consecuencia de la natural; o, hablando con más propiedad, es la misma obligación natural aplicada a un caso. He aquí puesta en un silogismo la fórmula general dé todas las obligaciones positivas que emanan de Dios. Es de ley natural el obedecer a Dios en todo lo que mande; es así que ha mandado *esto;* luego es de ley natural el hacer *esto.* La mayor es un principio de moral necesaria; la menor es la afirmación de una cosa particular que cae bajo lo comprendido en aquel principio; luego la consecuencia incluye también una obligación natural, o sea la aplicación de la ley natural a un caso dado.

95. Esta aplicación de los principios naturales a casos especiales se encuentra en todas las relaciones de la vida. Casio no está obligado a ceder una propiedad a Sempronio: esta cesión nada tiene que ver con la ley natural. Pero si suponemos que Casio se ligue por un contrato, la cesión resultará prescrita por la ley natural. Según ésta, se debe cumplir lo pactado; Casio ha pactado la cesión, luego debe hacerla; y no haciéndola, peca contra la ley natural.

96. De la propia suerte se explican las obligaciones positivas que emanan de legítima autoridad humana. La ley natural prescribe que se guarde en la sociedad el orden debido; el cual no puede subsistir, fotos los vínculos de la obediencia a la autoridad legítima; ésta tiene, pues, la sanción de la ley natural, y en el ejercicio de sus funciones produce obligación a causa de esta misma ley.

CAPÍTULO XIV

DEBERES PARA CON DIOS

97. Una criatura racional, aunque estuviese enteramente sola en el universo, no podría prescindir de sus relaciones con el Creador: su simple existencia le produce deberes hacia el ser que se le ha dado.

98. El primero de estos deberes es el amor: éste es la base de los demás. Por el amor se une nuestra voluntad con el objeto amado, y la criatura no está en el orden si no está unida con su Creador. El objeto de la voluntad es el bien, y, por tanto, el objeto esencial de la voluntad es el bien por esencia, el bien infinito.

99. Lo mismo se nos indica por la inclinación hacia el bien en general que todos experimentamos. No hay quien no ame el bien ¿no hay quien no le desee bajo una u otra forma. Los errores, las pasiones, los caprichos, la maldad, buscan a menudo el bien en objetos inmorales y dañosos; pero lo que se quiere en ellos no es lo que tienen malo, sino lo bueno que encierran. Supuesto que el bien, en general, es una idea abstracta y que no hay bien verdadero sino cuando hay un ser en que se realiza, este deseo del bien en sí mismo nos indica que hay algo, que no sólo es una cosa buena, sino el bien en sí mismo. Si a este bien, que es Dios, le conociésemos intuitivamente, le amaríamos con una feliz necesidad; pero ahora, mientras estamos; en esta vida, aunque amemos por necesidad el bien tomado en general, no lo amamos en cuanto está realizado en un ser, y por eso el hombre sustituye con harta frecuencia al amor del bien infinito y eterno el de los finitos y pasajeros.

100. El amor de Dios engendra la veneración, la gratitud, el reconocimiento de que todo lo hemos recibido de su mano bondadosa, y, por tanto, la adoración interior con que nos humillamos en, su presencia, rindiéndole los debidos homenajes. He aquí el culto interno.

101. El hombre ha recibido de Dios no sólo el alma, sino también el cuerpo; y, además, tenemos natural inclinación a manifestar los afectos del espíritu por medio de signos sensibles; así, pues, en reconocimiento de haber recibido de Dios el cuerpo, y cuanto nos sirve para la conservación de la vida; y además, para manifestar por signos sensibles la adoración interior, empleamos ciertas expresiones, ya de palabra, como la oración verbal; ya de gesto, como el hincar la rodilla, inclinarse y postrarse; ya de acciones sobre otros objetos, como el quemar incienso, el ofrecer los frutos de la tierra, el matar a un animal en reconocimiento del supremo dominio de Dios sobre todas las cosas. He aquí el culto externo.

102. Esta obligación se funda en la misma naturaleza del hombre. Levantamos monumentos a los héroes, guardamos con respeto la memoria de los bienhechores del linaje humano; conservamos con amor y ternura cuanto nos recuerda a un padre, un amigo, una persona querida que la muerte nos ha arrebatado. ¿Y no manifestaríamos exteriormente el amor, el agradecimiento, la adoración que tributamos a Dios en nuestro interior?

103. Las costumbres del linaje humano en todos los tiempos y países están acordes en este punto con la sana filosofía: en medio de los errores y extravagancias que nos ofrece la historia de las falsas religiones, vemos una idea dominante, fija, conforme con la razón y enseñada por Dios al primer hombre: la obligación de manifestar el culto interno con el externo.

104. La obediencia que debemos a Dios en todas las cosas se la debemos también en lo tocante al culto; y así es que estamos obligados a tributárselo de la manera que su infinita sabiduría nos haya prescrito. De aquí resulta que a los ojos de la sana moral no son indiferentes las religiones; quienes sostienen esto, las niegan todas. Porque, o es preciso decir que Dios no ha revelado nada con respecto al culto, o confesar que quiere que se haga lo que ha mandado. Lo primero lo combaten sólidamente los apologistas de la revelación; lo segundo lo demuestra la sana filosofía.

De esto se infiere que el hombre está obligado a vivir en la religión que Dios ha revelado, y que quien falta a esta obligación infringe la ley natural y es culpable a los ojos de la Justicia Divina.

105. Los que admiten la existencia de Dios y niegan la posibilidad de la revelación, incurren en una contradicción manifiesta. Si el hombre puede hablar al hombre, ¿por qué el Creador no podrá hablar de la criatura? Si los espíritus finitos son capaces de comunicar sus pensamientos a otros, ¿por qué el espíritu infinito está privado de esta facultad? Quien nos dio el ser, ¿no podrá ponerse en especial comunicación con su propia obra? Quien nos dotó de entendimiento, ¿no podrá ilustrarle?

Se dirá tal vez que Dios es demasiado grande para descender hasta nosotros; pero reflexiónese que este argumento prueba demasiado, y, por tanto, no prueba nada. Dios, siendo infinito, creó seres finitos; y esto no repugna a su infinidad; luego, o debemos inferir que Dios no pudo crearnos, o es preciso convenir en que puede hablarnos.

CAPÍTULO XV

DEBERES PARA CONSIGO MISMO

SECCIÓN PRIMERA

NOCIONES PRELIMINARES

106. El ser que obra no sólo con espontaneidad, sino también con libertad, ha de tener una regla que le fije la conducta que debe observar consigo mismo. Los inanimados se perfeccionan con sujeción a leyes necesarias, en cuya ejecución no tienen ellos sino una parte pasiva; y los irracionales, aunque obran por un impulso propio, con la espontaneidad de un viviente sensitivo, no conocen lo que hacen, pues su percepción se limita a lo puramente sensible. Pero el ser dotado de razón y de libre albedrío es dueño de su misma espontaneidad: puede usar de ella de diferentes modos, y, por tanto, necesita que las condiciones de su desarrollo y perfección le estén prescritas en ciertas reglas que dirijan su conducta. Estas reglas son los deberes consigo mismo.

107. Para la existencia de estos deberes no es necesaria la sociedad. Un hombre enteramente solo en el mundo tendría deberes consigo propio; el que va a parar a una isla desierta, sin esperanza de volver jamás a reunirse con sus semejantes, no está exento de las leyes de la moral.

108. Dios, al sacar de la nada a una criatura, la ha destinado a un fin: la sabiduría infinita no obra al acaso. Este fin lo buscan todas las criaturas, usando de los medios que para alcanzarle se le otorgan. Así, vemos que en el mundo inanimado todo aspira a desenvolverse, caminando de este modo a la perfección respectiva.

El germen sepultado en las entrañas de la tierra desenvuelve sus fuerzas vitales; se abre paso, se presenta sobre la superficie buscando la saludable influencia del aire, de la luz y del calor, y al mismo tiempo dilata sus raíces para absorber el jugo que le alimenta. Prospera, crece; su tronco se levanta y se engruesa; sus ramas se extienden hasta que llega al punto de desarrollo necesario para ejercer las funciones que le corresponden en el mundo vegetal.

Ese mismo trabajo descubrimos en todos los productos de la tierra; desde el árbol secular, que desafía los huracanes, hasta la endeble hierba, que vive un solo día, todos se dirigen incesantemente a su respectivo desarrollo: todos están empleando continuamente las fuerzas que se les han dado para ejercer del mejor modo posible las funciones que les corresponden.

109. Entre los animales vemos el mismo fenómeno. No son únicamente las especies más elevadas las que muestran su laboriosidad en su lugar

respectivo: no es sólo el caballo, el león, el elefante, el orangután; son los gusanos que se arrastran por el polvo, son los insectos que anidan en la hoja del árbol, son las ostras pegadas a una peña; los imperceptibles animalillos que sólo distinguimos con el microscopio. Cada cual en su línea cuida, por decirlo así, de cumplir su misión; y el mundo de la vida vegetal y animal se parece a un inmenso taller, donde está realizada hasta lo infinito la división del trabajo y donde cada individuo cumple con la parte que le corresponde para contribuir a la obra que se ha propuesto el Supremo Artífice.

110. El hombre dotado de tan nobles facultades está sujeto a la misma ley; también debe buscar su desarrollo, ejerciendo sus facultades del modo que corresponde a su naturaleza. Pero este desarrollo, aunque sujeto a una ley, está encomendado al libre albedrío: y así es que se nota una diferencia entre el hombre y los animales y vegetales; éstos adquieren siempre toda la perfección posible a sus fuerzas y a su situación; el hombre se queda muchas veces inferior a lo que puede. Tiene una inteligencia capaz de abarcar el mundo, y, sin embargo, abusando de su libre albedrío, la deja quizá sumida en la ignorancia y con harta frecuencia la alimenta de errores; está datada de una voluntad que aspira al bien infinito, y, no obstante, la rebaja, si quiere, hasta hundirla en un lodazal de corrupción y miseria.

SECCIÓN SEGUNDA

AMOR DE SÍ MISMO

111. El deber fundamental del hombre consigo es el amor de sí mismo; y la fórmula general de la ejecución de este deber es el desarrollo armónico de sus facultades, cual conviene a un ser inteligente y libre. Apliquemos estos principios.

112. Lo que está encargado de llevar algo a la perfección es necesario que lo ame; y el hombre tiene este encargo para consigo. No puede haber una inclinación continua al desarrollo y perfección de las facultades sin amar este desarrollo y perfección del ser que las posee. Así, el amor de una criatura a sí misma pertenece al orden general del universo; es una ley de todos los seres inteligentes y libres, que pertenece al orden conocido y amado por Dios. Al amarse el hombre a sí mismo, ama también lo que Dios ama, y, por consiguiente, en algún modo al mismo Dios.

El amor de sí mismo es tan conforme a la naturaleza de las cosas y se halla de tal modo grabado en nuestro espíritu, que no ha sido necesario expresarlo como precepto; lo que es temible es el abuso del amor, pero no es posible que falte. A este propósito, es de notar que en el Evangelio se ha dicho que el principal y primer mandamiento era amar a Dios, y el segundo, semejante al primero, amarás al prójimo *como a ti mismo*. Esto último se da por supuesto; y así es que se toma por modelo o regla del amor a los demás, *como a ti mismo.*

113. De esto inferiremos que cuando se habla del amor propio como de un vicio se entiende el abuso de este amor, que, por desgracia, es harto común; mas no del amor en sí pues que éste, por el contrario, es una de nuestras primeras obligaciones, o, mejor diríamos, de nuestras necesidades.

114. El deseo de la felicidad implica este amor; y como de este deseo no podemos despojarnos, se echa de ver que el amor de sí mismo es una necesidad. ¿Cómo se concilia su carácter necesario con el de un precepto que debe suponer libertad? Muy sencillamente. La necesidad le conviene tomado el amor en general, en cuanto nos lleva a buscar la felicidad también en general; pero la cualidad de precepto le pertenece en cuanto se refiere a las aplicaciones de este amor, así con respecto al objeto determinado en que popemos la felicidad, como a los medios que empleamos para alcanzarla. El deseo de la felicidad es un hecho necesario; el modo de cumplir este deseo cae bajo el orden de los preceptos.

115. Aquí encontramos un ejemplo de cómo está unida la moralidad con la utilidad. El amor de sí mismo es moral y es al propio tiempo útil; y no sólo útil, sino necesario para que el ser inteligente y libre llegue al objeto de su destino.

116. El amor de sí mismo no puede ser el término del hombre; este amor por sí solo, sin aplicaciones, no le proporcionaría la felicidad que desea: el ser feliz por la contemplación y amor de sí propio corresponde sólo a Dios, que contempla y ama en sí toda verdad y todo bien. El amor de la criatura a sí misma ha de ser una especie de impulso que la lleve a la perfección y a la felicidad, no su fin último; y en las aplicaciones de este impulso debe cuidar de no ponerse en contradicción con su fin. Para cuyo objeto es preciso que no tome por norma de su conducta la satisfacción de todos sus deseos, sino que los considere en su conjunto y en sus relaciones y que únicamente otorgue a cada uno la parte que le corresponda, para que no se perturbe y, antes bien, se conserve y mejore, la armonía de sus facultades.

SECCIÓN TERCERA

DEBERES RELATIVOS AL ENTENDIMIENTO

117. La primera de las facultades y que está como en la cima de la humana naturaleza es el entendimiento, el cual conoce la verdad y sirve de guía a las otras. Este es el ojo del espíritu; si no está bien dispuesto, todo se desordena.

Hablan algunos del entendimiento como si esta facultad no estuviese sujeta a ninguna regla; así excusan todas las *opiniones,* todos los errores, bastándoles el que sea una operación intelectual para que la tengan por inocente e incapaz de mancha. Es verdad que un error es inocente cuando el que lo sufre no ha podido evitarle, y en este sentido se, pueden disculpar algunos errores; pero si se intenta significar que el hombre es libre de pensar lo que quiera, sin sujeción a ninguna ley, haciendo de su inteligencia el uso que bien le parezca, se cae en una contradicción manifiesta. La voluntad, los sentidos, los órganos, hasta los miembros, todo en el hombre está sujeto a leyes. ¿Y no lo estará el entendimiento? No podremos usar de la última de nuestras facultades sin sujeción al orden moral; y la más noble, la que debe dirigirlas a todas, ¿estará exenta de ley? Una acción de la mano, del pie, podrán sernos imputadas; ¿y no lo serán las del entendimiento? ¿Seremos responsables de nuestros actos externos y no lo seremos de los internos? ¿La moralidad se extenderá a todo, excepto a lo más íntimo de nuestra conciencia?

118. Es claro que no pueden ser indiferentes para el entendimiento la verdad y el error; su perfección consiste en el conocimiento de la verdad; luego tenemos un deber de buscarla; y cuando no empleamos el entendimiento en este sentido, abusamos de la mejor de nuestras facultades. El objeto del entendimiento es la verdad, porque la verdad es el ser; y la nada no puede ser objeto de ninguna facultad. Cuando conocemos el ser conocemos la verdad, y, por consiguiente, estamos obligados a procurarnos el conocimiento de la realidad de las cosas. Si por indolencia, pasión o capricho, extraviamos nuestro entendimiento, haciéndole asentir al error, ya porque les atribuya relaciones que no tienen, o les niegue las que tienen, faltamos a la ley moral, porque nos apartamos del orden prescrito a nuestra naturaleza por la sabiduría infinita.

El amor de la verdad no es una simple cualidad filosófica, sino un verdadero deber moral; el procurar ver en las cosas lo que hay y nada más de lo que hay, en lo que consiste el conocimiento de la verdad, no es sólo un consejo del arte de pensar: es también un deber prescrito por la ley de bien obrar.

119. La obligación de buscar la verdad y apartarse del error se halla hasta en el orden puramente especulativo, de suerte que quien estudia una materia sin más objeto que la contemplación, y sin intención alguna de aplicar sus conocimientos a la práctica, tiene también el deber de buscar la verdad, de procurar ver en el objeto contemplado todo lo, que hay y nada más de lo que hay. Pero esta obligación de buscar la verdad se hace más grave cuando el conocimiento no se limita a la pura contemplación, sino que ha de regirnos en la práctica. Un mecánico puramente especulativo, que por indolencia se equivoca en sus cálculos, usa mal de su entendimiento; pero si es práctico, sus errores son de más consecuencia, y, por tanto, añado a la culpa del error en la especulativa la que consigo trae el exponerse a cometer yerros en la construcción de las máquinas.

120. Infiérese de esto que la obligación de dirigir el entendimiento al conocimiento de la verdad es grave, gravísima, cuando se trata de las

verdades que deben arreglar toda nuestra conducta y de que depende nuestro último destino.

En estas cuestiones, ¿quién soy? ¿De dónde he salido? ¿Adónde voy? ¿Cuál es la conducta que debo seguir en la vida? ¿Cuál será mi destino después de la muerte? El hombre que se mantiene indiferente, o que se expone a caer en error, incurre en gravísima responsabilidad moral, aun prescindiendo de toda idea religiosa y atendiendo únicamente a la luz de la filosofía. Los que hablan, pues, de errores, de extravíos del entendimiento, cual si en estas materias no cupiese transgresión del orden moral, dicen un despropósito, pierden de vista la ley general y necesaria que nos obliga a desenvolver y perfeccionar nuestras facultades, lo que no podemos hacer con el entendimiento si no le dirigimos hacia la verdad; olvidan que siendo él entendimiento la guía de las demás facultades, si él yerra, errarán todas; no advierten que poniéndonos el entendimiento en relación con las cosas, si no las ve como son en sí, se perturba por necesidad el orden en nuestra conducta; no consideran que hay muchas materias en que él error puede ser de consecuencias irreparables y que, por tanto, no hay menos culpabilidad en el que si quisiéramos andar por entre horrendos precipicios con los ojos, tapados o distraídos.

121. Aquí también encontramos admirablemente enlazada la moral con la utilidad. «Emplea bien el entendimiento; sírvete de él para conocimiento de la verdad, para ver las cosas y sus relaciones tales como son en sí»; esto nos dice la ley natural, y el resultado de la sujeción a este precepto es el obrar en todo de la manera conveniente, apreciando los objetos en su valor y conociendo, por consiguiente, a cuáles debemos dar la preferencia.

122. La moral en este punto se halla también acorde con las inclinaciones naturales. Todos deseamos conocer la verdad: al error, como error, no podemos asentir. ¿Acaso creeremos lo que juzgamos falso? ¿Quién se satisface con pensar de una cosa lo que no es y no lo que es? Cuando necesitamos del error para nuestras pasiones, le cubrimos con el velo de la verdad; sabemos engañarnos a nosotros mismos con una sagacidad deplorable.

SECCIÓN CUARTA

DEBERES RELATIVOS AL ORDEN SENSIBLE

123. Si el hombre fuese un espíritu puro, sus deberes estarían cumplidos con procurar conocer a Dios y a sí mismo, con amar a Dios sobre todo, amarse a sí mismo y a cuanto Dios quisiese. No teniendo más facultades que el entendimiento y la voluntad, su ser estaría en el orden moral dirigiendo el entendimiento a la verdad, y la voluntad al bien; pero como junto con estas

facultades superiores poseemos otras inferiores, nace de la relación de aquéllas con éstas una serie de nuevos deberes.

124. La sensibilidad se nos ha dado para satisfacer las necesidades animales y para excitar y fomentar el desarrollo de las facultades superiores; así es que debemos mirarla desde ambos aspectos y sacar de sus relaciones los deberes que se refieran a ella.

125. Lo que se ha dicho sobre la obligación de buscar en todo la verdad hace innecesario el que nos extendamos sobre el uso que debemos hacer de los sentidos en cuanto nos sirven para adquirir el conocimiento de las cosas. Si hemos de buscar la verdad, es preciso que empleemos los medios de la manera conveniente; y, por tanto, es necesario que procuremos usar de los sentidos del modo que corresponde para que no nos induzcan a conceptos equivocados. Las reglas sobre el buen uso de los sentidos no son solamente lógicas, sino también morales. Emplearlos de suerte que nos hagan errar, es valerse de correos precipitados e imprudentes, con peligro de que traigan noticias falsas; y si llegamos hasta el punto de usar de los sentidos con el secreto designio de que nos digan, no la verdad, sino lo que halaga a nuestras pasiones o amor propio, entonces cometemos una especie de delito de soborno; nos valemos de testigos falsos para que engañen al entendimiento.

126. La relación de los sentidos a la satisfacción de las necesidades animales y vitales presenta un nuevo aspecto de que nacen otros deberes. Pero si bien se reflexiona, este aspecto se halla íntimamente ligado con el anterior: porque si el entendimiento conoce la verdad, conocerá también el verdadero destino de los sentidos, y, por tanto, el uso que de ellos se ha de hacer.

127. La Naturaleza misma nos está enseñando que debemos conservar la vida y la salud; a más del deseo que a ello nos impele, los dolores sensibles nos avisan cuando la ira corre peligro o la salud se perturba. Así, pues, será legítimo el uso de los sentidos cuando se ordena a la conservación de la salud y de la vida, y será ilegítimo cuando contraría estos fines. También aquí se hermana la moralidad con la utilidad: las reglas de higiene son también reglas de moral.

La templanza y la sobriedad son virtudes, porque nos prescriben la debida mesura en da comida y bebida; la gula y la embriaguez son vicios, porque nos llevan a un exceso contrario a la razón. Los resultados de la templanza y de la sobriedad son la conservación de la vida y de la salud, el bienestar suave y general que experimentamos cuando nuestra organización se halla en el correspondiente equilibrio; la gula y la embriaguez producen indigestiones, vértigos, dolores atroces, gastan las fuerzas y acaban por conducir al sepulcro.

128. ¡Cosa admirable! El hombre, al excederse en lo sensible, es castigado también en lo intelectual: una comida excesiva produce el embotamiento de las facultades intelectuales, por la pesadez y la somnolencia; la embriaguez

perturba la razón; el ebrio no ha procedido como hombre; pues bien, por la embriaguez deja de ser hombre y se convierte en un objeto de lástima o de risa.

129. He aquí las reglas morales en este punto, reducidas a un principio bien sencillo; la medida del uso de los sentidos en sus relaciones con las necesidades del cuerpo es la conservación de la vida y de la salud; la higiene, extendiéndose no sólo a los alimentos, sino a cuanto tiene relación con la salud y la vida. Esta es una excelente piedra de toque para conocer la moralidad de las acciones relativas a las necesidades o deseos sensibles.

Aclarémoslo con ejemplos. La pereza es un vicio a los ojos de la sana moral; la ociosidad está sembrada de peligros; en ella se debilitan las facultades intelectuales y se corrompe el corazón; pues bien, la higiene está acorde con las prescripciones morales: la ociosidad es dañosa a la salud; el ejercicio, así el intelectual como el corporal, es muy saludable: para aliviar las enfermedades sirve en gran manera la ocupación moderada del cuerpo y del espíritu. Mirad al perezoso que, tendido sobre un sofá, no tiene valor para levantar la cabeza ni la mano; el tedio se apodera de su corazón para hacer bien pronto lugar a la tristeza, a la manía y otros extravíos. Su entendimiento, divagando a merced de todas las impresiones, sin sentir la acción de una voluntad fuerte que le sujete a un punto, se acostumbra a no fijarse en nada, se debilita y vive en una especie de somnolencia. El cuerpo, en continua inanición, languidece; las digestiones se hacen mal; la circulación se retarda y desordena; el sueño, como no cae sobre un cuerpo fatigado y menesteroso de descanso, huye de los ojos o es interrumpido con frecuencia; el perezoso buscaba el bienestar en la inanición completa y sólo halla los males consiguientes al enflaquecimiento del espíritu y a las enfermedades del cuerpo.

Comparad con estos resultados los de la virtud contraria. La costumbre del trabajo inspira afición hacia él: el laborioso goza cuando trabaja; padece cuando se le condena a la inacción. El fruto de su laboriosidad, intelectual, moral o física, le recompensa con una satisfacción placentera; cuando después de largas horas contempla el resultado de su actividad, se consuela fácilmente de las pequeñas molestias que ha sufrido y las tiene por muy bien empleadas. Al llegar la hora de la distracción, disfruta por que la necesita; su sensibilidad no está embotada por el placer, y éste, por ligero que sea, se multiplica, se aviva, porque es una lluvia que cae sobre tierra sedienta. El tedio, la tristeza, las manías, los aciagos presentimientos, no se albergan en su alma, porque no saben por dónde entrar: como hay ocupación permanente, no queda tiempo para complacer a esas visitas importunas y dañosas. El ejercicio de las facultades tiene en continuo movimiento la organización, y las alternativas de trabajo y descanso le dan aquel punto que necesita para desempeñar sus funciones ordenadamente, lo que constituye la salud y prolonga la vida. Por fin, el sueño, cayendo sobre una organización fatigada, es tomado con placer, y reparando las fuerzas comunica la actividad que se despliega de nuevo cuando el astro del día, alumbrando el mundo, viene a avisarnos de que sonó la hora del trabajo.

130. ¿Y qué diremos de la armonía de la higiene y de la moral en lo tocante a los placeres sensuales contrarios a la naturaleza? La severidad de la moral en este punto se halla justificada por la más sabia previsión. He aquí cómo se expresa Huffeland en su *Macrobiótica* o *Arte de prolongar la vida:* «Es horrendo el sello que la Naturaleza graba en el que la ultraja de este modo; es una rosa marchita, un árbol secado en el tiempo de su mayor lozanía, un cadáver ambulante. Este vicio afrentoso ahoga todo principio vital, agota todas las fuentes del vigor y no deja tras sí más que debilidad, inercia, palidez, decadencia de cuerpo y abatimiento de espíritu. El ojo pierde su brillo y se hunde en su órbita; las facciones se alargan; desaparece el aire juvenil y el semblante se cubre de manchas amoratadas. La más leve impresión afecta desagradablemente toda la economía animal. Falta el vigor muscular; el sueño es poco reparador; el menor movimiento causa fatiga; las piernas no pueden soportar el peso del cuerpo; pónense trémulas las manos, se sufren dolores en todos los miembros, se embotan los sentidos y el genio se vuelve tétrico y melancólico. Los desgraciados que se entregan a este vicio hablan poco, parece que lo hacen con disgusto y nada les queda de la viveza que los caracterizara en otros tiempos. Los jóvenes de talento se hacen hombres comunes y aun mentecatos. El alma pierde el gusto de los pensamientos elevados, y la imaginación está completamente depravada.

"Toda su vida no es más que una serie de cargos que se hacen a sí mismos y de penosos sentimientos causados por la debilidad de que no saben triunfar. Siempre irresolutos, experimentan un tedio continuo de la vida, que los conduce con frecuencia al suicidio, crimen a que nadie está más sujeto que los que se entregan a los goces solitarios."

"Por otra parte, las facultades digestivas se desordenan; se está continuamente atormentado de incomodidades y males de estómago; se vicia la sangre; el pecho se llena de mucosidades, la piel se cubre de granos y úlceras y sobrevienen, finalmente, la epilepsia, la consunción, la calentura hética, frecuentes desmayos y una muerte temprana.» Al oír ese imponente testimonio de la ciencia sobre los funestos resultados de la inmoralidad, causan lástima e indignación los que no alcanzan a comprender por qué la Religión cristiana se muestra tan severa en todo cuanto puede corromper el corazón de la juventud. Aquí, como en todas las cosas, manifiesta el cristianismo su profundo conocimiento de las leyes de la naturaleza y de los secretos del corazón y de la vida. «La Naturaleza —dice el mismo Huffeland— no castiga ninguna acción con tanto rigor como las que directamente la ofenden. Si hay pecados mortales, son, sin duda, los que se cometen contra la Naturaleza." (*Macrobiótica,* segunda parte, sección I, cap. II.)

SECCIÓN QUINTA

EL SUICIDIO

131. Al tratar de las obligaciones del hombre para consigo, ocurre la cuestión del suicidio. Es de notar que la inmoralidad de este acto no puede fundarse únicamente en las relaciones del individuo con la familia o la sociedad: de otro modo se seguiría que el que estuviese falto de ellas podría atentar contra su vida.

132. La razón fundamental de la inmoralidad del suicidio está en que el hombre perturba el orden natural, destruyendo una cosa sobre la cual no tiene dominio. Somos usufructuarios de la vida, no propietarios; se nos ha concedido el comer de los frutos del árbol, y con el suicidio nos tomamos la libertad de cortarle.

¿En qué puede apoyarse el hombre para llamarse propietario de la vida? Se la ha dado él a sí propio? ¿Se le consultó acaso para traerle a ella? ¿Dónde estaba antes de vivir? No era, y se halló existiendo, no por su voluntad, sino por la del Creador, con arreglo a las leyes de la Naturaleza. Si él no se la ha dado, ¿cómo pretenderá ser su dueño exclusivo, de suerte que la pueda destruir cuando bien le parezca? Todo le está indicando que el vivir no depende de su libre albedrío; a más de haber pasado de la nada al ser, experimenta que la mayor parte de las funciones de la vida se hacen independientemente de su voluntad: la respiración, la circulación de la sangre, la digestión, la nutrición y, en general, todas las funciones vitales, se ejercen sin que piense en ellas; sólo cuando es necesario tomar alimento para reparar las fuerzas, la voluntad interviene, pues la Naturaleza ha querido dejar al ser viviente dotado de espontaneidad alguna acción sobre los medios de conservar la vida; pero tan pronto como esto se cumple, la organización continúa sus funciones, en los procedimientos de la nutrición y en todas sus consecuencias, sin que pueda impedirlo el imperio de la voluntad.

133. El deseo de la conservación de la vida y el horror a la muerte es un indicio de que no están en nuestra mano. Los brutos animales, como obedecen ciegamente al instinto de la Naturaleza, no se suicidan nunca; sólo el hombre, en fuerza de su libertad, puede turbar de una manera tan monstruosa el orden natural.

134. El suicida, o ha de negar la inmortalidad del alma, o comete la mayor de las locuras. Si se atiene a lo primero, afirmando que después de esta vida no hay nada, el suicidio no se excusa, pero se comprende; y, por desgracia, se nota que donde cunde la incredulidad, allí cunde también esa manía criminal. Pero si el suicida conserva, no diré la seguridad, pero siquiera la más leve

duda sobre la existencia de la otra vida, ¿cómo se explica tamaña temeridad? ¿Quién le ha hecho árbitro de su destino futuro de tal modo que pueda adquirirlo cuando bien le parezca? Al presentarse delante de su Creador, en el mundo de la eternidad, ¿qué podrá responder si se le dice? ¿Quién te ha llamado aquí? ¿Quién te ha dicho que estaba terminada tu carrera sobre la tierra? ¿Por qué la has abreviado por tu sola voluntad? El que debía sacarte de la tierra, ¿no es acaso el mismo que te puso en ella? La razón, el instinto de la Naturaleza, ¿no te estaban diciendo que el atentar contra tu vida era un acto contrario a la ley que se te había impuesto? ¿Quién te autoriza para ir al otro mundo a buscar otro destino? ¿No sería justo, justísimo, que en vez de la felicidad encontrases la desdicha? He aquí, pues, cómo el suicidio, siempre inexcusable, no puede ni siquiera comprenderse sino como una temeridad insensata en quien abrigue alguna duda sobre si hay algo después de la muerte; y así, es muy natural lo que enseña la experiencia de que se encuentran tan pocos suicidas cuando se conservan las ideas religiosas. Este es un buen barómetro para juzgar de la religiosidad de los pueblos: si son muchos los individuos que atentan contra su vida, señal es que se han enflaquecido las creencias sobre la inmortalidad del alma.

SECCIÓN SEXTA

LA MUTILACIÓN Y OTROS DAÑOS

135. Así como el deber de conservar la vida implica la prohibición del suicidio, el de conservar la salud incluye la prohibición de mutilarse, de disminuir en cualquier sentido la integridad del cuerpo o de causarse enfermedades.

136. No se quiere decir con esto que el hombre, por motivos superiores, no pueda mortificarse a sí propio; pues que la sujeción del cuerpo al espíritu, y el servicio que le debe, exige que cuando para la perfección del espíritu se haya de sacrificar el bienestar del cuerpo, no se repare en el sacrificio. Esto puede acontecer por vía de preservativo o de expiación; de preservativo si, por ejemplo, absteniéndose de ciertos alimentos o de otros recreos lícitos, se logra que el espíritu conserve la paz y la buena moral; de expiación, porque nada más racional, y así lo confirman las costumbres del linaje humano, que el ofrecer a Dios en expiación de las faltas la mortificación voluntaria de quien las ha cometido. Pero nada de esto puede llegar ni a mutilaciones, ni a detrimentos graves en la salud; a todo debe presidir la prudencia, que es la guía, el complemento y el esmalte de las otras virtudes.

SECCIÓN SÉPTIMA

RESUMEN

137. Resumiendo los deberes del hombre para consigo, diremos que debe amar a Dios y amar a sí mismo; que debe la verdad a su entendimiento y el bien a su voluntad; que debe a todas sus facultades la correspondiente armonía para que no sirvan como esclavas las que deben mandar como señoras; que el uso de las sensibles en cuanto se refieren a informarle de los objetos, debe ser cual conviene para que no le induzcan a error; y en sus relaciones con el cuerpo deben emplearse del modo conducente para, la conservación de la vida y de la salud; que, por consiguiente; no puede en ningún caso atentar contra su propia existencia; que aun los daños que se cause nunca pueden llegar hasta el punto de producir enfermedades graves, y deben tener siempre un fin conforme a la razón; en una palabra: el precepto fundamental del amor de sí mismo debe practicarle con el desarrollo de sus facultades en un sentido de perfección y con arreglo al fin a que Dios le ha destinado.

138. No hablo por separado de los deberes de la voluntad, porque todos le pertenecen: siendo la voluntad una condición necesaria para la moralidad, nada es bueno ni malo si no es voluntario.

CAPÍTULO XVI

EL HOMBRE ESTÁ DESTINADO A VIVIR EN SOCIEDAD

139. Hemos explicado los deberes del hombre considerado como si estuviese solo en el mundo, sin un ser semejante con el cual pudiera tener relaciones; pero ésta es una hipótesis que únicamente tuvo lugar en los breves momentos que transcurrieron desde la creación de Adán hasta la de Eva, su mujer. Siempre y en todas partes se ha encontrado el hombre en relación con sus semejantes; pues no merecen atención las raras excepciones de esta regla ofrecidas por la historia de largos siglos. Los que han vivido sin comunicación con sus semejantes han sufrido este infortunio por algún accidente: unos, desplegada ya su razón, como los náufragos arrojados a una isla desierta; otros, antes del uso de razón, ya sea que abandonados por sus padres en la niñez debieran a una casualidad feliz el no perecer, o bien porque se haya querido hacer en ellos una prueba, como en los niños de Egipto y del Mogol. (V. *Ideología*, cap. XVI.) Es aislamiento que sobreviene, desplegada ya la razón, es un accidente rarísimo en los fastos de la historia; el otro, a más de ser muy raro también, no cae bajo la jurisdicción de la ciencia moral, porque los individuos que se hallan en tal caso se muestran tan estúpidos, que se duda con harto fundamento si tienen ideas morales. (*Ibid.*) Sin embargo, no será inútil el haber considerado al hombre en un aislamiento hipotético; porque esto nos ha enseñado a conocer mejor que hay en el orden moral algo absoluto, necesario, independiente de las relaciones de la familia y de la sociedad; mostrándonos la ley moral presidiendo a los destinos de toda criatura inteligente y libre, por el mero hecho de su existencia. Las relaciones en que vamos a considerar al hombre nos llevarán al conocimiento de una nueva serie de obligaciones morales, y, al propio tiempo, servirán a completar la idea de las que acabamos de encontrar en el individuo aislado.

140. Las leyes que rigen en la generación, crecimiento y perfección del hombre físico son un argumento irrecusable de que no puede estar solo; y las que presiden al desarrollo de sus facultades intelectuales y morales confirman la misma verdad. Al nacimiento precede la sociedad entre el marido y la mujer, y sigue la sociedad del hijo con la madre. Sin estas condiciones, o no existe el hombre, o muere a poco de haber visto la luz. La debilidad del recién nacido indica la necesidad de amparo, y el largo tiempo que su debilidad se prolonga manifiesta que este amparo ha de ser constante. Dejadle sólo cuando acaba de nacer y vivirá pocas horas; abandonadle en un bosque aun cuando cuente ya algunos años, y perecerá sin remedio. La necesidad de la comunicación con sus semejantes la manifiestan con no menor claridad las condiciones de su desarrollo intelectual y moral; el

individuo solitario vive en la estupidez más completa: o no tiene ideas intelectuales y morales, o son tan imperfectas que no se dejan conocer. (V. *Ideología*, cap. VI.) De esto debemos inferir que el hombre no está destinado a vivir solo, sino en comunicación con sus semejantes: de lo contrario, será preciso admitir el despropósito de que la naturaleza le forma para morir luego de nacido, o para vivir en la estupidez de los brutos si su vida se conservase por algún accidente feliz.

CAPÍTULO XVII

DEBERES Y DERECHOS DE LA SOCIEDAD DOMÉSTICA
O SEA DE LA FAMILIA

141. La reunión de los hombres forma las sociedades, las que son de diferentes especies, según los vínculos que las constituyen. La primera, la más natural, la indispensable para la conservación del género humano, es la familia. Su objeto nos ha de enseñar las relaciones morales que de ella dimanan.

142. La especie humana perecería si los padres no cuidasen de sus hijos, alimentándolos, librándolos de la intemperie y preservándolos de tantas causas como les acarrearían la muerte. Esta obligación se refiere, en primer lugar, a la madre; por esto, la Naturaleza le da lo necesario para alimentar al recién nacido y pone en su corazón un inagotable raudal de amor, de solicitud y de ternura.

143. La debilidad de la mujer, la imposibilidad de procurarse por sí sola la subsistencia para sí y para su familia, están reclamando el auxilio del padre, sobre quien pesa también la obligación de conservar la vida de los individuos a quienes la ha dado.

144. Los discursos de la razón están de más cuando se halla de por medio la intrínseca necesidad de las cosas, y habla tanto alto de la naturaleza: estos deberes son tan claros, que no hay necesidad de esforzar los argumentos que los prueban; escritos se hallan con caracteres indelebles en el corazón de las padres; el indecible amor que profesan a sus hijos es una elocuente proclamación de la ley natural.

145. Claro es que la conservación del humano linaje no se refiere únicamente a la vida física, sino que abraza también la intelectual y moral: el Autor de la Naturaleza ha querido que se perpetuase la especie humana, pero no como una raza de brutos, sino como criaturas racionales. La razón no se despliega sin la comunicación intelectual; y así es que al encomendarse a los padres el cuidado de conservar y perfeccionar a los hijos en lo físico, se les ha encomendado también el desarrollo y perfección en el orden intelectual y moral. He aquí, pues, cómo la misma Naturaleza nos está indicando que los padres tienen obligación de educar a sus hijos, formando su entendimiento y corazón cual conviene a criaturas racionales.

146. Este cuidado debe extenderse a largo tiempo, más todavía que el relativo a lo físico; porque la experiencia enseña que el niño llega lentamente al conocimiento de las verdades de que necesita; y, sobre todo, sus inclinaciones sensibles se depravan con facilidad, y ahogando la semilla de las ideas morales, no las dejan prevalecer en la conducta.

147. El común de los hombres sólo vive lo necesario para cuidar de la educación de sus hijos: muchos son los padres que mueren antes de que éstos alcancen la edad adulta; y casi todos descienden al sepulcro sin haber podido cuidar de los menores. Esta verdad se manifiesta en las tablas de la duración de la vida, y sin necesidad de cálculos nos lo está mostrando la experiencia común. Cuando los padres tienen de cincuenta a sesenta años, sus hijos mayores no pasan de veinte a treinta; y a éstos siguen otros que no son todavía capaces de proveer a su subsistencia y menos aún de dirigirse bien entre los escollos del mundo. Este hecho es de la mayor importancia para manifestar la necesidad de que los vínculos del matrimonio sean durables por toda la vida, cuidando unidos el marido y la mujer de los hijos que la Providencia les ha encomendado. Sin esta permanencia en la unión, muchos hijos se verían abandonados antes de tiempo y se perturbaría el orden de la familia y de la sociedad. El corto plazo de vida concedido al hombre le está indicando que en vez de divagar a merced de sus pasiones, formando nuevos lazos y dando simultáneo origen a distintas familias, se apresure a cuidar de la que tiene, porque se acerca a pasos rápidos el momento de bajar al sepulcro.

148. Ninguna sociedad, por pequeña que sea, puede conservarse ordenada sin una autoridad que la rija; donde hay reunión es preciso que haya una ley de unidad: de lo contrario, es inevitable el desorden. Las fuerzas individuales entregadas a sí solas sin esta ley de unidad, o producen dispersión o acarrean choque y anarquía. De esta regla no se exceptúa la sociedad doméstica; y como la autoridad no puede residir en los hijos, ha de estar en los padres. Así, la autoridad paterna está fundada en la misma Naturaleza, anteriormente a toda sociedad civil.

149. Los límites de esta autoridad se hallan fijados por el objeto de la misma: debe tener todo lo necesario para que la sociedad de la familia pueda alcanzar su fin, que es la crianza y educación de los hijos, de tal modo que se perpetúe el linaje humano con el debido desarrollo y perfección de las facultades intelectuales y morales.

150. Antes de la sociedad con los hijos hay la de marido y mujer; y entre éstos ha de haber autoridad para que haya orden. La debilidad de la mujer, las necesidades de su sexo, son inclinaciones naturales; el predominio que en ella tiene el sentimiento sobre la reflexión, la misma clase de medios que la Naturaleza le ha dado para adquirir ascendiente, todo está indicado que no ha nacido para mandar al varón, a quien la Naturaleza ha hecho reflexivo, de corazón menos sensible, sin los medios y las artes de seducir, pero con el aire y la fuerza de mando. La autoridad de la familia se halla, pues, en el varón; la de la madre viene en su auxilio y la reemplaza cuando falta.

151. El derecho de mandar es correlativo de la obligación de obediencia; así, pues, los deberes de la mujer con el marido y de los hijos con los padres están limitados por el derecho de sus respectivos superiores (77, 78, 79). La

mujer debe a su marido, y los hijos a los padres, sumisión y obediencia en todo lo concerniente al buen orden doméstico. Cuáles sean las aplicaciones de estos deberes, lo indican las circunstancias; no puede establecerse una regla general que fije con toda exactitud la línea hasta dónde llegan y de la que no pasan. En la inestabilidad de las cosas humanas es inevitable el que haya muchos casos que parezcan pedir la ampliación o la restricción de la autoridad doméstica; y el buen orden de las familias y de los Estados ha exigido que los legisladores establecieran reglas para determinar algunas de las relaciones domésticas. De aquí es el que la autoridad conyugal y la potestad patria tengan diferente extensión en los varios tiempos y países, cuyas diferencias no pertenecen a este lugar y son objeto de la jurisprudencia.

152. En la infancia de las sociedades, cuando: las familias no estaban unidas con vínculos bastantes para constituir verdaderos Estados políticos, la potestad patria debía ser, naturalmente, muy fuerte: siendo el único elemento de orden privado y público, debía tener todo lo necesario para llenar su objeto. Pero a medida que la organización social fue progresando, la potestad patria, si bien entró como un elemento de orden, no fue el único; y así es que sus facultades se restringieron, pasando algunas de ellas al poder social. En este punto ha habido variedad en la legislación de los pueblos, viéndose sociedades bastante adelantadas donde todavía se conservaba a la potestad patria el derecho de vida y muerte; pero, en general, se puede asegurar que la tendencia ha sido de restricción, encaminándose a dejarle únicamente lo indispensable para la crianza y educación de los hijos y el buen orden en la administración de los asuntos domésticos.

153. Los innumerables beneficios que los hijos deben a sus padres producen la obligación de la gratitud; y así como el padre cuida de la infancia y adolescencia del hijo, así el hijo debe cuidar de la vejez de su padre. La piedad filial es un deber sagrado: las ofensas a los padres son contra la Naturaleza; y así es que el parricidio se ha mirado con tanto horror en todos los pueblos, castigándole unos con suplicios espantosos, y no señalándole otros ninguna pena, porque las leyes le consideraban imposible.

154. La Naturaleza no comunica al amor filial la viveza, profundidad, ternura y constancia que distinguen al paterno y materno; en lo cual se manifiesta la sabiduría del Creador, que ha dado un impulso más irresistible a proporción de que se dirigía a un objeto más necesario. Los padres viven y el mundo se conserva, a pesar del cruel comportamiento de algunos hijos y de la ingratitud e indiferencia de muchos; pero el mundo se acabaría pronto si este olvido de los deberes fuese posible en los padres. Un anciano desvalido molesta a los hijos que le asisten; pero la negligencia de estos sólo puede abreviarle un poco la vida; mas si el desvalimiento de los hijos molestase a los padres y éstos se olvidasen de cuidar de ellos y no fueran capaces de los mayores sacrificios, el niño perecería cuando apenas empezara a vivir.

155. A pesar de esta diferencia de sentimientos, la obligación moral de los hijos para con los padres es grave, gravísima; el amor, la obediencia, el respeto, la veneración, el auxilio en las necesidades, la tolerancia de sus molestias, el compasivo disimulo de sus faltas, la paciencia en las enfermedades y flaquezas de la vejez, son deberes prescritos por la piedad filial; quien los olvida y quebranta ofende a la Naturaleza y en ella a Dios, su Autor.

CAPÍTULO XVIII

ORIGEN DEL PODER PÚBLICO

156. La sociedad doméstica no basta para el género humano; porque limitada a la crianza y educación de los hijos, no se extiende a las relaciones generales establecidas por motivos de necesidad y utilidad. Sin la autoridad paterna no sería posible la conservación del orden entre los individuos de una misma familia; sin la autoridad política no fuera posible conservar el orden entre las diferentes familias: éstas serían a manera de individuos que lucharían entre sí continuamente, pues que para terminar sus desavenencias no tendrían otro medio que la fuerza.

157. Supuesto que Dios ha hecho al hombre para vivir en sociedad, ha querido todo lo necesario para que ésta fuera posible; por donde se ve que la existencia de un poder público es de derecho natural, y que lo es también la sumisión a sus mandatos. La forma de este poder es varia, según las circunstancias: los trámites para llegar a constituirse han sido diferentes, según las ideas, costumbres y situación de los pueblos; pero bajo una u otra forma este poder ha existido y ha debido existir por necesidad, dondequiera que los hombres se han hallado reunidos: sin esto era inevitable la anarquía y, por consiguiente, la ruina de la sociedad.

Esta doctrina es tan clara, tan sencilla, tan conforme a la naturaleza de las cosas, que no se explica fácilmente por qué se ha disputado tanto sobre el origen del poder: reconocido el carácter social del hombre, así con respecto a lo físico como a lo intelectual y moral, el disputar sobre la legitimidad de la *existencia* del poder equivalía a disputar sobre la legitimidad de satisfacer una de las necesidades más urgentes. El hombre se alimenta, porque sin esto moriría; se viste, se guarece, porque sin esto sería víctima de la intemperie; vive en familia, porque no puede vivir solo; las familias se reúnen en sociedad, porque no pueden vivir aisladas, y, reunidas en sociedad, están sometidas a un poder público, porque sin él serían víctimas de la confusión y acabarían por dispersarse o perecer. ¿Qué necesidad hay de inventar teorías para explicar hechos tan naturales? ¿Por qué se han querido sustituir las cavilaciones de la filosofía a las prescripciones de la naturaleza?

158. La variedad de formas del poder público es un hecho análogo a la variedad de alimentos, de trajes, de edificios; lo que había en el fondo era una necesidad que se debía satisfacer; pero el modo ha sido diferente, según las ideas, costumbres, climas, estado social y demás circunstancias de los pueblos. Esta variedad nada prueba contra la necesidad de sus aplicaciones; no indica que haya dependido de la libre voluntad, sino que la necesidad, la conveniencia u otras causas le han modificado. La variedad de alimentos,

trajes y habitaciones no destruye la necesidad de estos medios; y el que a la vista de la diversidad de las formas del poder público finge contratos primitivos, por los cuales los hombres se hayan convenido en vivir juntos y en someterse a una autoridad, no es menos extravagante que quien se los imaginara reunidos para convenir en vestirse, en edificar casas y en dar tal o cual figura a sus trajes, tal o cual forma a sus habitaciones.

150. ¿Cómo se organizó, pues, el poder público? ¿Cuáles fueron los trámites de su formación? Los mismos de todos los grandes hechos, los cuales no se sujetan a la estrechez y regularidad de los procedimientos fijados por el hombre. Debieron de combinarse elementos de diversas clases, según las circunstancias. La potestad patria, los matrimonios, la riqueza, la necesidad de protección y otras causas semejantes, producirían, naturalmente, el que un individuo o una familia, una casta, se levantasen sobre sus semejantes y ejerciesen con más o menos limitación las funciones, del poder público. A veces la autoridad de un padre de familia, extendiéndose a sus ramas y dependencias, formaría el tronco de un poder que, vinculándose en una casa o parentela, daría príncipes y reyes a las generaciones que iban sobreviviendo; a veces se necesitarían caudillos que guiasen en una trasmigración, en una guerra, en la defensa de los hogares; y éstos, levantados por la necesidad de las circunstancias, permanecerían después en su elevación, a veces una colonia de pueblos más civilizados, empezando por pedir hospitalidad, acabaría por establecer un imperio; a veces, un hombre extraordinario por su capacidad arrebataría la admiración de sus semejantes, que, creyéndole enviado por el cielo, se someterían gustosos a su enseñanza y mandatos, vinculando en su familia el derecho supremo; en una palabra, el poder público se ha formado de varios modos, bajo condiciones diversas; y casi siempre lentamente, a manera de aquellos terrenos que resultan del sedimento de los ríos en el transcurso de largos años.

Atiéndase a la formación de los Estados modernos y se comprenderá la de los antiguos. ¿Acaso la Europa se ha constituido bajo un solo principio que le haya servido de regla constante? La conquista, los matrimonios, la sucesión, las cesiones, los convenios, las intrigas, las revoluciones, los libres llamamientos, ¿no son otros tantos orígenes del poder público en las sociedades modernas? Así en su origen como en su desarrollo, ¿la fuerza y el derecho no andan mezclados con harta frecuencia? Aun en nuestros días, ¿no estamos viendo cambios de formas políticas y dinastías, entre revoluciones, restauraciones, conquistas, convenios, transformándose el poder público ora bajo las influencias de la diplomacia, ora bajo los debates de una Asamblea, ora bajo la fuerza de las bayonetas o de las conmociones populares? Esta variedad, estas vicisitudes, por más lamentables que sean, son inevitables atendida la incesante lucha en que por la misma naturaleza de las cosas se hallan las ideas, las costumbres, los intereses, y por los sacudimientos que produce el choque de las pasiones, que se ponen al servicio de los elementos combatientes. La misma transformación que van sufriendo de continuo las sociedades, adelantando las unas, retrogradando las otras y contribuyendo todas a que se realicen los destinos que Dios ha señalado a la Humanidad en su mansión sobre la tierra, es una causa necesaria de diferencias y un insuperable obstáculo para que los hechos, con su inmensa variedad y amplitud, puedan caber en la mezquina regularidad de los moldes filosóficos. Es necesario contemplar la sociedad desde un punto de vista elevado para no dejarse deslumbrar por teorías pobres, que pretenden explicar y arreglar el mundo con algunas fábulas, tan henchidas de vanidad como faltas de verdad.

160. En resumen: el objeto del poder público es una necesidad del género humano; su valor moral se funda en la ley natural, que autoriza y manda la existencia del mismo; el modo de su formación ha dependido de las circunstancias, sufriendo la variedad e inestabilidad de las cosas humanas.

CAPÍTULO XIX

DERECHOS Y DEBERES RECÍPROCOS, INDEPENDIENTES DEL ORDEN SOCIAL

161. Antes de examinar los derechos y deberes que se fundan en el orden social, conviene advertir que independientemente de toda reunión en sociedad, y hasta de los vínculos de familia, tiene el hombre obligaciones con respecto a sus semejantes. Basta que dos individuos se encuentren, aunque sea por casualidad y por breves momentos, para que nazcan derechos y deberes conformes a las circunstancias.

Supóngase que un hombre enteramente solo en la tierra tropieza con otro cuya existencia no conocía. ¿Puede matarle, atropellarle, ni molestarle en ningún sentido? Es evidente que no. Luego en ambos, la seguridad individual es un derecho, y el respeto a ella un deber. Al encontrar a su semejante le ve en peligro de morir por enfermedad, por fatiga, por hambre o sed. ¿Puede dejarle abandonado y no socorrerle en su infortunio? Claro es que no. Luego el auxilio en las necesidades es otra obligación que nace, del simple contacto de hombre con hombre.

El decir que no hay otros deberes relativos que los nacidos de la organización social es contrario a todos los sentimientos del corazón. Un navegante en alta mar divisa a un infeliz que está luchando con las olas. ¿No sería culpable si pudiendo no le salvara? Aunque el desgraciado perteneciese a la raza más bárbara, con la cual no fuera posible tener ninguna clase de relaciones, ¿no llamaríamos monstruo de crueldad al navegante que no le librase del peligro? No hay entre ellos el vínculo social, pero hay el humano; siendo notable que esta clase de actos se llaman de humanidad, y lo contrario, inhumanidad, porque haciéndolo, nos portamos como hombres, y omitiéndolos, como fieras.

162. El Autor de la Naturaleza nos une a todos con un mismo lazo, por el mero hecho de hacernos semejantes. La razón de esto se halla en que no pudiendo el hombre vivir solo, necesita el auxilio de los demás; y la satisfacción de esta necesidad queda sin garantía si todo hombre no tiene prohibición de maltratar a otro y la obligación de socorrerle. Esta ley moral es una condición indispensable para el mismo orden físico; y de aquí es que Dios la ha escrito no sólo en el entendimiento, sino también en el corazón, para que no sólo la conociésemos, sino también la sintiésemos; de suerte que cuando fue preciso obrar, el impulso natural se adelantase a la reflexión. ¿Quién no sufre al ver sufrir? ¿Quién no experimenta un vivo deseo de aliviar al infortunado? ¿Quién ve en peligro la vida de otro, sin que instintivamente se arroje a salvarle? En una calle vemos a una persona distraída, que no advierte que un caballo, un carruaje, le van a atropellar. ¿Necesitamos, acaso,

de la reflexión para cogerla del brazo y librarla de una desgracia? Los vínculos de familia ni de sociedad, ¿son necesarios para que nos creamos ligados con este deber?

163. El derecho de defensa existe independientemente de la organización social. Por lo mismo que el hombre puede y debe conservar su vida, tiene un indisputable derecho a defenderla contra quien se la quiere quitar. Por idéntica razón se extiende el derecho de defensa a la integridad de los miembros y al ejercicio de nuestras facultades. Si un hombre solitario se viere golpeado por otro, tiene derecho a rechazar los golpes, pagándole con la misma moneda; y si se le quiere coartar en su libertad, por ejemplo, ligándole o encerrándole, tendría derecho a desembarazarse de su oficioso custodio. Un salvaje que quiere beber de una fuente o comer de la fruta de un árbol del desierto, no puede ser coartado por otro en el uso de su derecho; y si este último pretende lo contrario, el primero podrá usar de los medios convenientes para hacerle entrar en razón.

164. Infiérese de esto que, independientemente de toda sociedad doméstica y política, tiene el individuo derechos y deberes; derechos, a lo que necesita para la conservación de la vida y el racional ejercicio de sus facultades; deberes, de respetar estos mismos derechos en los demás y de socorrerles en sus necesidades, según lo exijan las circunstancias. Estos derechos y deberes se fundan en el hombre como hombre, y no como individuo de una sociedad organizada; nacen de una ley de sociedad universal, que ha establecido Dios entre todos los individuos de la especie humana, por el mismo hecho de crearlos.

165. Conviene tener bien entendida y presente esta doctrina sobre los derechos y deberes individuales para comprender a fondo los que nacen de la organización social, o de la reunión permanente de los hombres en sociedad. El hombre no lo recibe todo de esta reunión: lleva a ella un caudal propio, que está sujeto a ciertas condiciones, pero del cual no es lícito despojarle sin justos motivos.

CAPÍTULO XX

VENTAJAS DE LA ASOCIACIÓN

166. La reunión de los hombres en sociedad acarrea a los asociados inmensas ventajas. La seguridad individual es garantida contra las pasiones; los medios para la conservación de la vida se aumentan; las fuerzas para dominar la Naturaleza y hacerla contribuir a la satisfacción de las necesidades se multiplican con la asociación; las facultades intelectuales se acrecientan notablemente, participando todos de las ideas de todos. Manifestémoslo con un ejemplo.

Algunas tribus de salvajes se hallan desparramadas por un valle plantado de árboles, de cuyo fruto se sustentan. Mientras los árboles se conservan bien, hay abundancia de alimentos; mas, por desgracia, suele acontecer que en el tiempo de las lluvias el valle se inunda y los árboles se destruyen o deterioran. La causa de la inundación está en que unas enormes piedras impiden que las aguas corran con libertad por su cauce: si fuese posible apartarlas, el peligro desaparecería; y, además, colocándolas en la embocadura del valle, por donde se desborda el torrente, en lugar de dañar como ahora, aprovecharían mucho, pues servirían de dique y asegurarían para siempre la conservación de los árboles. Un salvaje concibe esta idea: acomete la empresa, forcejea, se fatiga, pero en vano; cada una de las piedras pesa mucho más de lo que puede mover un hombre. A los esfuerzos del uno suceden los del otro, con igual resultado; aunque los salvajes fuesen un millón y las piedras sufriesen los impulsos *sucesivos,* permanecerían en su puesto. He aquí los efectos del aislamiento. Introducid ahora el principio de asociación. Cada piedra necesita la fuerza de diez hombres: como la gente sobra, se reúnen diez para cada una; las piedras eran veinte; acometiendo la empresa a un mismo tiempo, los necesarios para todo, que serán doscientos, una obra que antes era absolutamente imposible, se lleva a cabo en un abrir y cerrar de ojos.

Fácil sería multiplicar los ejemplos análogos. Tomad mil individuos; exigidles que trabajen por separado, sin unión de sus fuerzas: aunque sean todos excelentes ingenieros y arquitectos, no alcanzarán a construir un dique regular, ni a levantar un miserable edificio.

167. La asociación es una condición indispensable para el progreso; sin ella, el género humano se hallaría reducido a la situación de los brutos. ¿Por qué dominamos a los animales, aun cuando alguno de ellos se declare en insurrección? Porque ellos no se ayudan recíprocamente y nosotros sí. Un caballo se rebela contra su jinete y se propone derribarle o no dejarle montar, o atropellarle con mordiscos y coces; por poco tiempo que haya, acuden al

socorro del jinete cuantas personas le pueden auxiliar, y el caballo tiene que someterse a la fuerza, porque no puede contra tantos. Si los demás caballos se hubieran asociado a la insurrección, y, reuniéndose con el que diere la señal, hubiesen dado una batalla en regla, el triunfo de los hombres habría sido harto más difícil, y, probablemente, en la primera refriega quedara dueño del campo el ejército caballar.

168. En la asociación, las fuerzas no se suman, sino que se multiplican, y a veces la multiplicación no puede expresarse por la ley de los factores ordinarios. La fuerza de diez unida a otra de diez, no hace sólo veinte, sino ciento, y a veces mucho más. Un individuo quiere mover un peso que exige la fuerza de dos: no consigue nada; su fuerza es nula para el efecto; la reunión de otra fuerza como uno, no sólo compone la suma de dos, sino que multiplica la otra por un número infinito, pues que siendo antes un valor nulo, lo convierte en un valor verdadero. Las fuerzas de los individuos A y B, consideradas en sí, eran uno cada una; mas para el efecto de mover el peso no eran nada. Así, los efectos *sucesivos* no estaban representados por $1 + 1 = 2$, pues entonces hubieran movido el peso; sino por $0 + 0 = 0$. Se les reúne, impelen a un mismo tiempo, y el cero se convierte en 2. Luego la reunión hace el efecto de la multiplicación por un número infinito. Porque considerando al 0 como cantidad infinitamente pequeña, no puede elevarse a la cantidad finita, 2, sin multiplicarse por un factor infinito.

169. La acumulación de los medios para proveer a las necesidades de todas especies es otro de los resultados importantes de la asociación. Ella liga a los hombres distantes en lugar y tiempo, y hace que las generaciones presentes se aprovechen del trabajo de las pasadas. Cada generación consume lo que necesita, y transmite el residuo a las futuras; y este residuo forma un caudal inmenso, cuya pérdida nos haría retroceder a la barbarie, dejándonos en la más espantosa pobreza. Suponed que una nación pierde de repente todo lo que le legaron sus antepasados, y que se queda únicamente con lo que ella ha hecho: se hallará de repente sin ciudades, sin pueblos, sin aldeas, con poquísimos edificios para vivir; los ríos, sin puentes y sin diques; la tierra, sin establecimientos de labor; las comarcas, sin caminos; los mares, sin naves, sin puertos, sin faros; las bibliotecas, sin libros; los archivos, sin papeles; las artes, sin reglas; nada quedará, porque puede llamarse nada lo que cada generación tiene de obra propia si se compara con lo heredado. Desgraciada humanidad si perdiese el enlace de la asociación en el espacio y en el tiempo: si en el espacio, los hombres se quedarían aislados y reducidos a la condición de grupos errantes; si en el tiempo, la ruptura con lo pasado equivaldría a un diluvio universal; y ese rico patrimonio de que nos gloriamos se trocaría en destrozadas tablas en que apenas sobrenadarían algunos miserables restos.

170. Admiremos en esto la sabiduría del Autor de la Naturaleza, que, imponiéndonos la ley de asociación, nos ha enseñado un medio necesario para adelantar; y compadezcámonos de esos habladores que han declamado

contra la sociedad, dando una evidente prueba de su orgullosa irreflexión. El que condena la sociedad, el que la mira como un mal o como un hecho inútil, se puede comparar al hijo insolente que desdeña la protección de su padre y le exige una liquidación de cuentas; las cuentas se liquidan, y el resultado es que el insolente pierde hasta la ropa que lleva y se queda desnudo.

CAPÍTULO XXI

OBJETO Y PERFECCIÓN DE LA SOCIEDAD CIVIL

171. Para conocer a fondo los derechos y deberes que nacen de la organización social, y cómo en ella deben regularizarse los que son independientes de la misma, conviene tener presente que la sociedad no es para bien de uno ni de pocos, sino de todos; y, por consiguiente, el poder público que la gobierna no debe ni puede encaminarse al solo bien de un individuo, de una familia, ni de una clase, sino al de todos los asociados. Este es un principio fundamental de derecho público. Los hombres gobernados no son una propiedad de quien los gobierna: están, sí, encomendados a su dirección, y para que la dirección pudiese ejercerse con orden y provecho, se les ha prescrito la obediencia. Esta doctrina no puede desecharse, a no ser que se quiera anteponer el bien de uno al de todos; sosteniendo que Dios ha creado a los hombres de una condición semejante a la de los brutos, los que no viven para sí, sino para las necesidades y regalo de otro. No se realza de esta suerte la dignidad del poder público: antes bien, se la rebaja; la verdadera dignidad del mando está en mandar para el bien de los que obedecen; cuando el mando se dirige al bien particular del que impera, y no al público, la autoridad sé degrada, convirtiéndose en una verdadera explotación.

Esta doctrina, sólida garantía de los derechos de gobernantes y gobernados, es una luz que se difunde por todos los ramos de la legislación política y civil.

172. El interés público, acorde con la sana moral, debe ser la piedra de toque de las leyes; por lo cual debemos también fijar con exactitud cuál es el verdadero sentido de las palabras, interés público, bien público, felicidad pública, palabras que se emplean a cada paso y, por desgracia, con harta vaguedad. Y, sin embargo, es imposible conocer bien los principios y las reglas de la legislación, sin el sentido de dichas expresiones no está bien determinado. No iremos a un punto si no sabemos dónde está; ni acertaremos en un blanco si no le vemos clara y distintamente.

La necesidad de fijar con exactitud el sentido de las palabras "bien", "felicidad de los pueblos", la manifiestan las varias acepciones en que se las toma. Para unos, la felicidad pública es el desarrollo material; para otros, el intelectual y moral; ora se mira como más feliz el pueblo que se levanta sobre los otros por su poderío; ora el que vive tranquilo y calmoso disfrutando de la ventura del hogar doméstico. De aquí procede la confusión que reina en las palabras adelanto, progreso, mejoras, desarrollo, prosperidad, felicidad, civilización, cultura, que cada cual toma en el sentido que bien le parece, queriendo en consecuencia imprimir a la sociedad un impulso especial, llevándola por el camino de lo que se llama felicidad pública.

173. No creo imposible, ni siquiera difícil, el fijar las ideas sobre este punto. El bien público no puede ser otra cosa que la perfección de la sociedad. ¿En qué consiste esa perfección? La sociedad es una reunión de hombres; esta reunión será tanto más perfecta cuanto mayor sea la suma de perfección que se encuentre en el conjunto de sus individuos y cuanto mejor se halla distribuida esta suma entre todos los miembros. La sociedad es un ser moral; considerada en sí, y con separación de los indidividuos, no es más que un objeto abstracto; y, por consiguiente, la perfección de ella se ha de buscar, en último resultado, en los individuos que la componen. Luego la perfección de la sociedad es, en último análisis, la perfección del hombre; y será tanto más perfecta cuanto más contribuya a la perfección de los individuos.

Llevada la cuestión a este punto de vista, la resolución es muy sencilla: la perfección de la sociedad consiste en la organización más a propósito para el desarrollo simultáneo y armónico de todas las facultades del mayor número posible de los individuos que la componen. En el hombre hay entendimiento, cuyo objeto es la verdad; hay voluntad, cuya regla es la moral; hay necesidades sensibles, cuya satisfacción constituye el bienestar material. Y así, la sociedad será tanto más perfecta cuánta más verdad proporcione al entendimiento del mayor número, mejor moral a su voluntad, más cumplida satisfacción de las necesidades materiales.

174. Ahora podemos señalar exactamente el último término de los adelantos sociales, de la civilización y de cuanto se expresa por otras palabras semejantes, diciendo que es:

La mayor inteligencia posible, para el mayor número posible; la mayor moralidad posible, para el mayor número posible; el mayor bienestar posible, para el mayor número posible.

Quítese una cualquiera de estas condiciones, y la perfección desaparece. Un pueblo inteligente, pero sin moralidad ni medios de subsistir, no se podría llamar perfecto; también dejaría mucho que desear el que fuese moral, pero al mismo tiempo ignorante y pobre; y mucho más todavía si abundando de bienestar material fuese inmoral e ignorante. Dadle inteligencia y moralidad, pero suponedle en la miseria, es digno de compasión; dadle inteligencia y bienestar, pero suponedle inmoral, merece desprecio; dadle, por fin, moralidad y bienestar, pero suponedle ignorante, será semejante a un hombre bueno, rico y tonto; lo que, ciertamente, no es modelo de la perfección humana.

CAPÍTULO XXII

ALGUNAS CONDICIONES FUNDAMENTALES EN TODA ORGANIZACIÓN SOCIAL

175. El poder público tiene dos funciones: proteger y fomentar; la protección consiste en evitar y reprimir el mal; el fomento, en promover el bien. Antes de fomentar debe proteger: no puede hacer el bien si no empieza por evitar el mal. Esto último es más fácil que lo primero; porque el mal, en cuanto perturba el orden de una manera violenta, tiene caracteres fijos, inequívocos, que guían para la aplicación del remedio. Todavía no se sabe con certeza cuáles son los medios más a propósito para multiplicar la población; es decir, que es un misterio el fomento de la vida; pero no lo es su destrucción violenta: el homicidio no da lugar a equivocaciones. La producción y distribución de la riqueza es un fin económico para el cual no siempre se han conocido los medios ni se conocen del todo ahora; pero la destrucción de la riqueza es una cosa palpable: desde el origen de la sociedades se ha castigado a los incendiarios. Los medios de adquirir una propiedad pueden estar sujetos a dudas; pero no lo está el despojo que el ladrón comete en un camino o asaltando una casa.

176. Sin embargo, ni aun en las funciones protectoras son siempre tan claros los deberes del poder público como en los ejemplos aducidos; porque la protección no sólo se encamina a impedir la violencia, sino también todo aquello que de un modo u otro ataca el derecho, lo cual produce dificultades y complicaciones. A primera vista parece que la sociedad política debe considerarse como otra cualquiera, en que cada miembro lleva su caudal, para percibir su ganancia o exponerse a la pérdida; pero en esta comparación no hay cumplida exactitud; pues que algunos de los derechos principales, entre ellos el de propiedad, si preexisten en algún modo a la organización social, se hallan en un estado muy imperfecto. Así, hay muchas cosas en la sociedad que el individuo no lleva a ella, sino que nacen de la misma; por lo cual es necesario prescindir de la comparación y dar a la ciencia del derecho público una base más ancha, cual es la que llevo indicada (174).

El hombre individual tiene el deber de conservar la vida y la salud, de atender a sus necesidades y desenvolver sus facultades en el orden físico, intelectual y moral, con arreglo al dictamen de la razón, reflejo de la ley eterna. Estos objetos no puede alcanzarlos viviendo enteramente solo, y así, necesita reunirse con otros, para el auxilio común. Esta asociación, de la cual resultan tantos bienes (cap. XX) ofrece, sin embargo, el inconveniente de limitar en ciertos puntos ese mismo desarrollo; porque obrando simultáneamente las facultades de los asociados, la extensión del ejercicio de las de uno es un obstáculo para la dilatación de las de otro.

Un sistema de ruedas en una máquina produce efectos a que no alcanzaría una sola: hay más fuerza, más regularidad, mejor aplicación del impulso, más garantías de duración; pero estas ventajas no se consiguen sin que cada rueda pierda, por decirlo así, una parte de su libertad, pues que para concurrir al fin es necesario que todas se subordinen a las condiciones del sistema general.

177. Ni la protección ni el fomento pueden realizarse sino bajo ciertas condiciones que limitan en algún modo la libertad individual; limitación que se compensa abundantemente con los beneficios que de ella dimanan. Las condiciones fundamentales de la organización social se harán palpables con algunas explicaciones.

Si el hombre viviera solo, atendería a sus necesidades echando mano de los medios que le ofreciese la Naturaleza: cogería el fruto del primer árbol que le ocurriera; se guarecería en las cuevas donde hallase más comodidades, o, si levantase alguna choza, elegiría el sitio y la forma de la construcción según sus necesidades o capricho. El mundo sería suyo: y la posesión y el usufructo no conocerían más límite que el de sus fuerzas. Desde el momento que el hombre se reúne con otros, esta libertad se hace imposible: si todos conservasen el derecho a todo, resultaría que nadie tendría derecho a nada.

Si en un paseo público se halla una persona sola, podrá disfrutarle de la manera que bien le pareciere, andando de prisa o despacio, tomando la dirección que se le antoje, variándola con frecuencia y según cuadre a sus caprichos. Todo el paseo es suyo, sin más limitación que sus fuerzas. Llega otra persona: la libertad ya se restringe; porque es claro que ninguna de las dos puede echar a correr por donde se halla la otra, tropezando con ella y lastimándola. Van acudiendo otros, y la libertad se va restringiendo más a proporción que el número se aumenta; hasta que si el paseo se llena, es indispensable mucho orden para que no resulte la mayor confusión. Si estando muy concurrido, unos van hacia adelante, otros hacia atrás, unos cruzan en direcciones perpendiculares, otros en diagonales, sin cuidarse nadie de la del vecino, sino tomando cada cual la primera que le ocurre, el resultado será formarse un remolino de gente, que se sofocarán y ni siquiera podrán andar. ¿Cuál es el medio de conservar el orden y la posible libertad para todos? El quitar un poco de libertad a cada uno, subordinando su paseo a las necesidades del orden general. Si los que van toman la derecha y los que vienen la izquierda; y los que quieren atravesar lo hacen sólo en puntos determinados, dónde el paso tenga más anchura, resultará que por mucha que sea la gente, habrá orden posible, atendido lo numeroso de la concurrencia. He aquí uno de los hechos fundamentales de la organización social: restringir la libertad individual lo necesario para mantener el orden público y la justa libertad de todos.

El labrador que cultiva un campo; en cuyos alrededores no hay propiedades de otro, será libre de dirigir por donde le pareciere las aguas que le sobran; de lo contrario, no podrá dirigirlas de modo que vayan a parar a campos ajenos, inundándolos, y causando así grave perjuicio. La propiedad del uno restringe, pues, la libertad del otro: siendo todos los hombres propietarios de algo, todos tienen su libertad limitada por la propiedad de los demás.

178. Por esta doctrina se puede apreciar en su justo valor la profundidad de los que hablan de la libertad individual como de una cosa absoluta, a que no es lícito tocar sin una especie de sacrilegio: creen emitir una observación filosófica, y en la realidad dicen un solemne despropósito. La libertad individual absoluta es imposible en cualquiera organización social; los que la proclaman es necesario que empiecen por descomponerlo todo, dispersando a los hombres por los bosques para que vivan como las fieras.

CAPÍTULO XXIII

DERECHO DE PROPIEDAD

SECCIÓN PRIMERA

ESTADO, IMPORTANCIA Y DIFICULTADES DE LA CUESTIÓN

179. La propiedad, tomada esta palabra en su acepción más general, es la pertenencia de un objeto a un sujeto, asegurada por la ley. Si esta ley es natural, la propiedad será natural; si positiva, positiva. En el primer sentido, podremos decir que el hombre es propietario de sus facultades intelectuales, morales y físicas; porque la ley natural le garantiza esta pertenencia, de suerte que infringe la ley quien le perturba en el uso de ellas. Ya se entiende que aquí se habla de propiedad, sólo en cuanto se refiere a los demás hombres: pues que considerando al individuo con relación a Dios, esta propiedad no es más que un usufructo; y en esto hemos fundado una de las relaciones que prueban la inmoralidad del suicidio. (Capítulo XV, sección V.)

La muchedumbre y variedad de las relaciones sociales producen complicaciones difíciles en la adquisición y conservación de la propiedad; y la jurisprudencia halla un vasto campo donde explayarse, combinando los principios de justicia y equidad con la conveniencia pública. Dejando la parte que no corresponde a la filosofía moral, nos limitaremos a fijar los principios generales que rigen en esta materia, empezando por examinar los cimientos en que estriba el derecho de propiedad.

180. ¿En qué se funda el derecho de propiedad? ¿Por qué unas cosas pertenecen a un individuo con exclusión de los demás? ¿Por qué no tienen todos derecho a todo?

En la actualidad es más necesario que en otros tiempos el estudiar a fondo el principio del derecho de propiedad, porque se halla vivamente combatido por escuelas disolventes y amenazado por sectas audaces, que probablemente causarán profundas revoluciones en el porvenir de las sociedades modernas.

181. El derecho de propiedad, ¿puede fundarse en el *solo* trabajo *individual*, empleado para la adquisición de un objeto? No. A un mismo tiempo nacen dos niños: el uno no tiene más amparo que un hospicio; el otro es dueño de inmensas riquezas, y, no obstante, el segundo no ha podido trabajar más que el primero: ambos acaban de ver la luz.

182. ¿Puede, acaso, fundarse el derecho de propiedad en las necesidades que se han de satisfacer? No. De lo contrario, sería de derecho la distribución de todo por partes iguales; porque en el orden natural todos los hombres

tienen idénticas necesidades, y las diferencias que resultan sólo serían relativas a las cualidades físicas de cada uno: por ejemplo, el ser más o menos comedor o bebedor, el sentir más o menos el calor o el frío. En este supuesto no podrían entrar en consideración las necesidades ficticias, porque en ellas la desigualdad resulta de la riqueza, y, por tanto, de un hecho que, en tal caso, será contrario al principio del supuesto derecho.

183. El trabajo *personal* en la adquisición explica en algún modo la propiedad en sus primeros pasos; pero no en su complicación, tal como se presenta en las sociedades, por poco adelantadas que se hallen. El salvaje que mata una fiera es propietario de ella; y el derecho a alimentarse de su carne y cubrirse con su piel se funda en el trabajo que le ha costado el adquirirla. En un bosque de árboles frutales cada salvaje es propietario de lo que necesita para saciar el hambre; este derecho se funda en las mismas necesidades que ha de satisfacer; y no se aplica a una fruta especial por el solo trabajo de cogerla.

184. Pero esta sencillez del derecho de propiedad dura muy poco; no se conserva ni entre las hordas errantes. El salvaje propietario de la piel de la fiera quiere transmitirla a otro; aquí ya encontramos un nuevo título: el segundo ya no la posee "por su trabajo", sino por donación. El salvaje, antes de morir, lega a sus hijos o parientes las pieles que posee; aquí hallamos un título nuevo: la sucesión. Todavía en estos títulos vemos un objeto: la satisfacción de las necesidades de los individuos a quienes se transmite la propiedad; pero ésta puede tomar un aspecto nuevo: el dueño establece que desde la muerte de uno de sus sucesores, posea el otro que él determina; aquí hallamos la propiedad limitada por el difunto; éste continúa, en cierto modo, dominándola, pues que arregla las transmisiones sucesivas. Aún puede esforzarse más la dificultad: el difunto no ha querido que nadie poseyese su propiedad, sino que se le conservase como un recuerdo de la habilidad y osadía del cazador: aquí continúa su dominio después de la muerte, pues que excluye la posibilidad de que otro se haga propietario.

185. ¿En qué se fundan esos derechos? ¿Por qué se han introducido en la sociedad? ¿Cuál es su límite? ¿Cuáles son las facultades del poder público para ampliarlos, restringirlos o modificarlos? He aquí unas cuestiones que afectan profundamente a la organización social y de que depende la mayor parte de la legislación civil.

El derecho de propiedad no se comprende bien si no se le abarca en todas sus relaciones: los puntos de vista incompletos conducen a resultados desastrosos. En pocas materias acarrea errores más trascendentales un método exclusivo; éste es un conjunto cuyas partes no se pueden separar sin que se destrocen. En el derecho de propiedad se combinan los eternos principios de la moral con las necesidades individuales, domésticas y públicas, y con miras económicas; y también con el fin de evitar el que la sociedad esté entregada a una turbación continua.

Examinemos estos elementos y veamos la parte que a cada uno corresponde.

SECCIÓN SEGUNDA

EL PRINCIPIO FUNDAMENTAL DEL DERECHO
DE PROPIEDAD ES EL TRABAJO

186. Suponiendo que no haya todavía propiedad alguna, claro es que el título más justo para su adquisición es el trabajo empleado en la producción o formación de un objeto. Un árbol que está en la orilla del mar en un país de salvajes, no es propiedad de nadie; pero si uno de ellos le derriba, le ahueca y hace de él una canoa para navegar, ¿cabe título más justo para que le pertenezca al salvaje marino la propiedad de su tosca nave? Este derecho se funda en la misma naturaleza de las cosas. El árbol, antes de ser trabajado, no pertenecía a nadie; pero ahora no es árbol propiamente dicho, sino un objeto nuevo; sobre la materia, que es la madera, está la forma de canoa, y el valor que tiene para las necesidades de la navegación es efecto del trabajo del artífice. Esta forma es la expresión del trabajo: representa las fatigas, las privaciones, el sudor del que lo ha construido; y así, la propiedad, en este caso, es una especie de continuación de la propiedad de las facultades empleadas en la construcción.

El Autor de la Naturaleza ha querido sujetarnos al trabajo; pero este trabajo debe sernos útil; de lo contrario, no tendría objeto. La utilidad no se realizaría si el fruto del trabajo no fuese de pertenencia del trabajador: siendo todo de todos, igual derecho tendría el laborioso que el indolente; las fatigas no hallarían recompensa, y así, faltaría el estímulo para trabajar.

Luego el trabajo es un título natural para la propiedad del fruto del mismo; y la legislación que no respete este principio, es intrínsecamente injusta.

187. La ocupación o aprehensión, que suele contarse entre los títulos de adquisición de propiedad, se reduce a la del trabajo, pues que toda ocupación supone una acción en quien se apodera de la cosa. Así es que esta propiedad se extiende según las huellas que deja en lo ocupado el trabajo del ocupante. En uña tierra que no fuera propiedad de nadie, no bastaría para adquirirla el que uno se presentase en ella y dijese: «Es mía»; ni tampoco el que la recorriese en todas direcciones. No sería justo su dominio, ni tendría derecho a excluir a los otros, sino cuando la hubiese mejorado; por ejemplo, labrándola, cercándola con un vallado que asegurase la conservación del fruto o acarreándole agua y disponiendo los surcos para regarla.

SECCIÓN TERCERA

CÓMO EL PRINCIPIO DEL TRABAJO SE APLICA
A LAS TRANSMISIONES GRATUITAS

188. El individuo no limita sus afecciones a sí propio: las extiende a sus semejantes, y muy particularmente a su mujer, hijos y parientes. Cuando trabaja, no busca solamente su utilidad, sino también la de las personas que ama y que dependen de él o a cuyo bienestar puede contribuir. Esto se funda en los más íntimos sentimientos del corazón; y la aplicación del fruto del trabajo del hombre a la utilidad de las personas de quienes debe cuidar el operario es una condición indispensable para la conservación de las familias. Luego el que los bienes del padre pasen a los hijos es un principio de derecho natural, que no se puede contrariar sin cegar en su origen el amor al trabajo y perturbar las relaciones de la sociedad doméstica.

189. La transmisión de los bienes a los descendientes, ascendientes y colaterales es una aplicación del mismo principio: la ley sigue la dirección de las afecciones del propietario; garantiza la propiedad transmitida, en el mismo orden que supone a las afecciones del dueño, y no considera extinguido el derecho hasta que supone haber llegado al límite de la afección.

El hombre no tiene solamente las afecciones de familia: las circunstancias le crean muchas otras; y aun prescindiendo de los sentimientos, su libre voluntad se propone objetos a cuya consecución dedica el fruto de su trabajo. La gratitud, la amistad, la compasión, el respeto, la admiración, le ligan con ciertas personas fuera del círculo de su parentela, o le hacen distinguir entre los individuos de ella, dando a unos preferencia sobre otros, sin atenerse a la rigurosa escala de mayor o menor proximidad. Miras de utilidad pública, el deseo de perpetuar su nombre u otros fines hacen que quiera aplicar a un establecimiento, a una obra, una parte de sus bienes. En todos estos casos media la voluntad del propietario, y es digna de respeto por motivos de equidad y de conveniencia. Cuanto más se respete esta voluntad, más estímulo tiene el hombre para trabajar; pues que, inclinado a pensar en el porvenir de las personas a quienes ama, siente que sus fuerzas se enervan y su actividad decae tan pronto se ve señalado un límite a la libre disposición de lo que adquiere con su trabajo. De aquí dimanan la justicia y la conveniencia de respetar las donaciones y los testamentos; esto es, las transmisiones que del fruto de su trabajo hace el hombre durante su vida o para después de su muerte.

190. Tenemos, pues, que el principio fundamental de la propiedad, considerada en la región del derecho, es el trabajo; y que las transmisiones de ella, reconocidas y sancionadas por la ley, vienen a ser un continuo tributo que pagan las leyes al trabajo del primer poseedor. Este luminoso principio

manifiesta cuán sagrado es el derecho de propiedad y con cuánta circunspección debe procederse en todo cuanto le afecta de cerca o de lejos; pero también enseña cuál mal uso harían de sus riquezas los que, habiéndolas heredado de otro, no las empleasen para el bien de sus semejantes y consumieran en la indolencia el fruto de la actividad del primer poseedor, valiéndose de la protección de la ley para contrariar el fin de la misma ley.

SECCIÓN CUARTA

CÓMO EL PRINCIPIO DEL TRABAJO SE APLICA A LAS TRANSMISIONES NO GRATUITAS

191. La transmisión de la propiedad no siempre es gratuita; a veces hay más que un cambios: se transmite la una para adquirir la otra. El comprador transmite al vendedor la propiedad del dinero; pero es con la mira y la condición de adquirir la propiedad del objeto comprado. Como toda propiedad se funda primitivamente en el trabajo, resulta que todos los cambios entre los hombres se reducen a cambiar una cantidad de trabajo. El cultivador da a sus operarios el alimento y el vestido, los cuales le han costado a él o a sus mayores un trabajo físico o intelectual; pero éste es en cambio del trabajo que los jornaleros le han hecho, y cuyo valor permanece en la tierra, mejorada con la labranza. Supongamos que el pago del jornal se hace en dinero: éste no lo ha adquirido el dueño sin trabajo suyo o de los suyos; cuando les da, pues, el dinero, les da el fruto de un trabajo. Los jornaleros, con el dinero, adquieren lo necesario para su manutención; es decir, que llevan en el dinero un signo del trabajo que han hecho para otro; por manera que la moneda viene a ser un signo de una serie de trabajos en todas las manos por las que va pasando. Es un valor fácil de manejar que los hombres han adoptado por signo general; y se han empleado metales preciosos, con el fin de que sea más difícil adulterarle y de que el trabajo esté garantido en el mismo valor intrínseco del signo que le representa. Esto me conduce a decir dos palabras sobre un punto que ha servido de tema a muchas declamaciones.

SECCIÓN QUINTA

LA USURA

192. Siendo el trabajo el origen primitivo de la propiedad, se echa de ver cuánta justicia, cuán profunda sabiduría, cuánta previsión, cuánto caudal de economía política se encierra en la ley moral que prohibe las adquisiciones sin trabajo: los que han combatido la prohibición de la usura se han acreditado

de muy superficiales, porque la usura no se refiere precisamente al interés del dinero: su principio fundamental es el siguiente:

No se puede exigir un fruto de aquello que no lo produce.

193. Bien mirada, pues, la prohibición de la usura es una ley para impedir que los ricos vivan a expensas de los pobres, y que los que no trabajan abusen de su posición para aprovecharse del sudor de los que trabajan.

Desde este punto de vista, y sabiendo hacer las aplicaciones debidas, se puede responder a todas las dificultades, incluso las que resultan de la nueva organización industrial y mercantil, en que han adquirido especial importancia los valores monetarios en metálico o en papel.

CAPÍTULO XXIV

LA SOCIEDAD EN SUS RELACIONES CON LA MORAL
Y LA RELIGIÓN

194. Resulta de la doctrina precedente que la seguridad personal y el respeto a la propiedad son los objetos preferentes de la sociedad en cuanto protege; la parte que le incumbe en cuanto fomenta no pertenece a la filosofía moral, sino en lo que puede rozarse con los principios morales. Me contentaré, pues, con breves indicaciones.

195. A juzgar por la doctrina de algunos publicistas, la sociedad civil debe ser del todo indiferente a cuanto no pertenezca o al bienestar material o al desarrollo de las ciencias y de las artes. Para ellos, el adelanto de los pueblos es el aumento de su riqueza, y el término de su perfección, la abundancia de goces materiales, fomentados y afinados por las bellas artes y adornados con el esplendor de las ciencias como la luz de antorchas que brillan alrededor de un festín. Formarse semejantes ideas de la perfección social es desconocer la dignidad de la naturaleza humana y olvidarse de su elevado destino, aun en lo tocante a su vida sobre la tierra. Claro es que los deberes de la potestad civil no deben confundirse con los de la religiosa, y que no se ha de pretender que le incumba el cuidar del hombre interior, cuando puede influir únicamente sobre el exterior; pero de aquí a deducir que la sociedad haya de ser atea en religión y epicúrea en moral, va una distancia inmensa que no es lícito salvar. Si se postergan en el orden civil los deberes morales, considerando al derecho como un simple medio de organización externa, se mina por la base el mismo edificio que se quiere consolidar. Las relaciones sociales se simplifican en la apariencia; pero en la realidad se las complica espantosamente, porque no hay complicaciones peores que las que surgen de las entrañas de un pueblo corrompido.

196. El derecho civil, considerado como un simple medio de organización y sin relación alguna a los principios morales, es un cuerpo sin alma, una máquina que ejerce sus funciones por la pura fuerza y cuyos movimientos se paran desde el instante en que cesa de recibir el impulso externo. El derecho, siendo la vida de la sociedad civil, no puede ser una cosa muerta; que si lo fuera, sería incapaz de vivificar el cuerpo social: sería una regla de administración, sin más resguardo que un escudo: las leyes penales.

El legislador no puede perder nunca de vista que la legitimidad no es sinónimo de legalidad externa: y que las leyes, para ser respetadas, necesitan de algo más que los procedimientos con que se forman y las penas con que se sancionan. A los ojos del género humano sólo es respetable lo justo; y las leyes dejan de ser leyes cuando no son justas, y pierden el carácter de justas cuando, aunque entrañen justicia, no son presentadas sino como medios externos que no tienen más principio que el de utilidad, ni más sanción que la fuerza. Esta utilidad misma es bien pronto disputada, merced a la variedad de aspectos ofrecidos por las relaciones sociales; y esta fuerza es bien pronto vencida, porque nada pueden unos pocos que gobiernan contra los muchos que obedecen, cuando éstos no quieren continuar en la obediencia. A los hombres se los debe atraer por la esperanza del bien y contenerlos por el temor del mal; es cierto. Pero ambas cosas han de estar dominadas por las ideas de justicia y moralidad, sin las que las acciones humanas se reducen a operaciones de especulación en que cada cual discurre a su modo, y acomete unas u otras según las probabilidades del buen o mal resultado. Entonces, el dique contra el mal es la intimidación; y el fomento del bien, los medios de corrupción; es decir, que la sociedad se mueve por los dos resortes más bajos: el egoísmo y el miedo.

No; no es así como deben organizarse las sociedades: esto equivale a depositar en su corazón un germen de muerte, que se desenvuelve con tanta mayor rapidez cuanto son mayores los adelantos de las ciencias y de las artes y más copiosos y refinados los goces sensibles. La sociedad, compuesta de hombres, gobernada por hombres, ordenada al bien de los hombres, no puede estar regida por principios contradictorios a los que rigen al hombre. Este no alcanza su perfección con sólo desenvolver sus facultades intelectuales y proporcionarse bienestar material; por el contrario, si alcanzando ambas cosas está falto de moralidad, su depravación es todavía mayor, y lejos de que los goces le hagan feliz, su vida, devorada por la sed de los placeres, o gastada por el cansancio o fastidio, es una continua alternativa entre la exaltación del frenesí y la postración del tedio, y, en lugar de la dicha que busca, encuentra un manantial de sinsabores y padecimientos.

197. La naturaleza del hombre y la sana razón están, pues, enseñando que la moral es un verdadero y muy grande interés público; y que se la debiera colocar en primera línea, siquiera por los bienes que produce y los desastres que evita. Pero conviene advertir que la moral, aunque altamente *útil*, no quiere ser tratada como un objeto de mera utilidad: quiere que se la respete, se la ame, por lo que es en sí; y que los saludables efectos, si bien se esperen de ella con entera seguridad, no se le prefijen como a una máquina los productos de elaboración. Cuando se empieza por ensalzar a la moral sólo como cosa conveniente, el discurso pierde su fuerza; la cuestión se reduce a cálculo, en cuyo caso los hombres no están dispuestos a escuchar exhortaciones a la virtud. Mucho más se daña a la moral si se la proclama como un medio de dirigir las masas, *supliendo* con la moralidad la ignorancia del mayor número; esto equivale a predicar la inmoralidad, porque interesa en favor de ella una de las pasiones más poderosas del hombre: el orgullo. Desde el momento en que la moral no sea más que la regla del vulgo necio,

nadie querrá ser moral para no llevar la humillante nota de ignorancia y necedad.

198. Lo que se dice de la moral puede aplicarse a la religión: proclamada como un hecho de mera conveniencia, como un medio de gobierno para los ignorantes, pierde su augusto carácter; deja de ser una voz del cielo y se convierte en un ardid de los astutos para dominar a los tontos. La religión produce indudablemente bienes inmensos a la sociedad, hasta en el orden puramente civil; contribuye poderosamente para fortalecer la autoridad pública y hacer dóciles y razonables a los pueblos; suple la falta de conocimientos del mayor número, porque ella por sí sola es ya muy alta sabiduría; templa las pasiones de la multitud con su influencia suave, su bondad encantadora, sus inefables consuelos, sus sublimes verdades, sus pensamientos de eternidad; mas para esto necesita ser lo que es: ser religión, ser cosa divina, no humana; ser un objeto de veneración, no un medio de gobierno.

199. ¡Qué error! ¡Qué ceguera! ¡Mirar a la religión y a la moral como resortes sólo adaptados a la ignorancia, a la pobreza y a la debilidad! ¿Acaso los diques han de ser menos fuertes a proporción que es mayor el ímpetu de las aguas? ¿Por ventura el caballo necesita menos del freno cuanto es más indócil y brioso? Las luces sin moral son fuego que devasta; la riqueza sin moral es un incentivo de corrupción. El poder sin moral se convierte en tiranía. Las luces, la riqueza, el poder, si les falta la moral, son un triple origen de calamidades. La inmoralidad impele por el camino del mal; la luz y la riqueza multiplican los medios; el poder allana todos los obstáculos. ¿Se concibe, acaso, un monstruo más horrible que el que desea el mal con ardor y lo sabe ejecutar de mil maneras, y dispone de recursos de todas clases, y domina todas las resistencias? No; no es verdad que la religión y la moral sean únicamente para el pobre y el desvalido; no, no es verdad que la religión y la moral no deban penetrar en la mansión del rico y del poderoso. La choza del pobre, sin moral, es un objeto repugnante; pero inspira más lástima que indignación; el palacio del magnate, con el cortejo de la inmoralidad, es un objeto horrible: el oro, la pedrería, la misma púrpura, no bastan a ocultar la asquerosa fealdad de la corrupción; como ni los aromas, ni él esplendoroso aparato, ni las preciosas colgaduras, ni los ricos vestidos, son suficientes a disminuir el horror de un cadáver pestilente. La irreligión y la inmoralidad, cuando están abajo, despiden un vapor mortífero, que mata al poder público; y cuando están arriba, son una lluvia de fuego que todo lo convierte en polvo y ceniza.

CAPÍTULO XXV

LA LEY CIVIL

200. A la luz de los principios establecidos, y explicado ya en qué consisten la ley eterna y la natural, al tratar del origen y esencia de la moralidad podremos formarnos ideas claras sobre la ley civil.

La ley—ha dicho con admirable concisión y sabiduría Santo Tomás—es «una ordenación de la razón, dirigida al bien común, promulgada por el que tiene el cuidado de la comunidad». *Rationis ordinatio, ad bonum commune, ab eo qui curam communitatis habet promulgata.*

201. Ordenación de razón: *Rationis ordinatio.* Los seres racionales deben ser gobernados por la razón, no por la voluntad del que manda. La voluntad sin la razón es pasión o capricho; y el capricho o la pasión, gobernando, son arbitrariedad y tiranía. Y nótese aquí la profundidad filosófica que encierra en el lenguaje común: arbitrariedad se llama al procedimiento ilegal del gobernante; consignándose en esta expresión la verdad de que en el gobierno no ha de proceder por voluntad o *arbitrio,* sino por razón.

La moral no sólo pertenece a la razón, sino que constituye una parte de su esencia; y es, además, su complemento, su perfección, su ornato. Cuando, pues, se dice: ordenación de la razón, se entiende también ordenación conforme a los eternos principios de la moral; las leyes intrínsecamente inmorales no son leyes: son crímenes; no favorecen a la sociedad, la pervierten o la hunden; no producen obligación, no merecen obediencia; basta que sin obedecerlas se las oiga promulgar con paciencia.

Decir que toda ley, por sólo ser formada, es ley y obligatoria, es arruinar los fundamentos de la moral; es contradecir al sentido común; es borrar la historia; es mentir a la humanidad; es proclamar la tiranía, es legitimar el crimen: ¿Qué otras adulaciones desearan Tiberio y Nerón, y cuantos tiranos han devastado la faz de la tierra, costando a la humanidad torrentes de sangre y de lágrimas? Esto no es fortalecer la autoridad pública: es matarla; a ella se la conduce al abuso de sus atribuciones, y a los pueblos se les viene a decir: «Estáis condenados a obedecer cuanto se os mande; siquiera sea lo más injusto e inmoral.» ¡Ay del día en que se hablase a los pueblos con este lenguaje sacrílego! Desde entonces se considerarían en peligro de ser víctimas de la tiranía, y su paciencia se acabaría tan pronto como tuviesen medios para sacudir el yugo.

202. Dirigida al bien común: *Ad bonum commune.* El cimiento de la ley es la justicia; su objeto, el bien común. Las leyes no deben hacerse para la utilidad de los gobernantes, sino de los gobernados; los pueblos no son para los gobiernos; los gobiernos son para los pueblos. Cuando el que gobierna atiende a su utilidad propia y olvida la pública, es tirano; y, aunque su

autoridad sea legítima, el uso que de ella hace es tiránico. En esto no cabe excepción de ninguna clase; toda ley, sea la que fuere, debe estar encaminada a la utilidad pública; si le falta esta condición, no merece el nombre de ley. (Véanse capítulos XVIII y XXI.)

203. Las leyes pueden distinguir favorablemente a ciertos individuos y clases determinadas; pero esta distinción ha de ser por motivos de utilidad general: si este motivo le faltase, sería injusta; porque los hombres, así como no son patrimonio del gobierno, no lo son tampoco de clase alguna, La aristocracia de diversas especies que hallamos en la historia de las naciones tenía este objeto; y, cuando se ha desviado de él, ha perecido. Las distinciones y preeminencias que se otorgan a los individuos y a las clases no son títulos dispensados para nutrir el orgullo y complacer a la vanidad: cuanta más elevación, mayores obligaciones. Las clases más altas tienen el deber de emplear sus ventajas y preponderancia en bien de las inferiores; cuando así lo hacen, no dispensan una gracia: cumplen un deber; si lo olvidan, su altura deja de ser conveniente; la ley que la protege pierde su vida, que consistía en la razón de conveniencia pública, que justificaba la elevación; y bien pronto la Providencia cuida de restablecer el equilibrio, dejando que se desencadenen las tempestades y dispersen como un puñado de polvo la obra de los siglos.

204. *Promulgata*. La ley no conocida, no obliga; y no puede ser conocida si no está promulgada. Los actos morales necesitan libertad, y ésta supone el conocimiento.

205. Por el que tiene el cuidado de la socidead: *Ab eo qui curam communitatis habet*. La ley debe emanar del poder público. Sea cual fuere la forma en que se halle constituido: monárquico, aristocrático, democrático o mixto, tiene la facultad de legislar, porque sin esto le es imposible llenar sus funciones: Gobernar es dirigir, y no se dirige sin regla: la regla es la ley.

206. Es de notar que en esta definición de la ley no entra la idea de fuerza ni siquiera como pena: su profundo autor creyó, y con razón, que la sanción penal no era esencial a la ley; la pena es el escudo, o, si se quiere, la espada de la ley; mas no pertenece a su esencia. Por el contrario, la pena es una triste necesidad a que apela el legislador para suplir lo que falta a la influencia puramente moral. La legislación más perfecta sería aquella en que no se debiese nunca conminar, por aplicarse a hombres que no necesitasen del temor de la pena para cumplir lo mandado. Cuando el hombre obedece sólo por el temor de la pena, procede como esclavo: compara entre las ventajas de la desobediencia y los males del castigo, y encontrando que éstos no se compensan con aquéllas, opta por la obediencia. Pero si en vez de obrar por temor obedece por razones puramente morales, porque éste es su deber, porque hace bien, entonces la obediencia le ennoblece; porque procediendo con entera libertad, con pleno dominio de sí mismo, no se somete al hombre, sino a la ley; y la ley no es para él una regla meramente humana: es un dictamen de la razón y de la justicia, un reflejo de la verdad eterna, una

emanación de la santidad y sabiduría infinita. Desde este punto de vista, la ley es de derecho natural y *divino;* y los que han combatido este último epíteto y le han mirado como emblema de esclavitud, debieron de ser bien superficiales cuando no alcanzaron a ver que ésta era la única y sólida garantía de la verdadera libertad.

CAPÍTULO XXVI

LOS TRIBUTOS

207. No es posible gobernar un Estado sin los medios convenientes; de aquí nace la justicia de los tributos. La sociedad protege la vida y los intereses de los asociados; luego éstos deben contribuir en la proporción correspondiente para formar la suma necesaria a los medios de gobierno.

208. El modo de exigir los tributos está sujeto a trámites, que varían según las leyes y costumbres de los diversos países; pero hay dos máximas de que no se puede nunca prescindir:

1.ª Que no es lícito exigir más de lo necesario para el buen gobierno del Estado.

2.ª Que la distribución de las cargas debe hacerse en la proporción dictada por la justicia y la equidad.

209. Que no se puede exigir más de lo necesario, es indudable. El poder público no es el dueño de las propiedades de los súbditos; cuando éstos le entregan una cierta cantidad, no le pagan una deuda como a su dueño, sino que le proporcionan un auxilio para gobernar bien. Si el poder público exige más de lo necesario, merece a los ojos de la sana moral el mismo nombre que se aplica a los que usurpan la propiedad ajena. Este nombre es duro, pero es el propio; agravado más y más por las circunstancias de que quien atropella es el mismo que debiera proteger.

210. La equitativa distribución de las cargas es otra máxima fundamental. A más de que a esto obliga la misma fuerza de las cosas, so pena de que agobiando igualmente al pobre que al rico se destruyan los pequeños capitales y vayan cegando los manantiales de la riqueza pública, media en ello una poderosa razón de justicia. Quien tiene más recibe en la protección un beneficio mayor; por lo mismo que su propiedad es mayor, ocupa en mayor escala la acción protectora del gobierno; y así, está obligado a contribuir en mayor cantidad. Permítaseme aclarar la materia con un ejemplo sencillo. De dos propietarios, el uno no tiene más que pocas casas en una calle; el otro posee todo el resto de ella; si se ha de poner un vigilante para comodidad y seguridad de la calle, ¿quién duda que deberá contribuir en mayor cantidad el que la posee casi toda?

211. Otra máxima fundamental hay en la materia, y que se extiende no sólo a la recaudación e inversión de los tributos, sino también a todo lo concerniente a la gobernación del Estado, cual es: que el poder público no debe ser considerado nunca como un verdadero dueño ni de los caudales ni de los empleos públicos, sino como un administrador que no puede disponer de nada a su voluntad, sino que debe proceder siempre por razones de

utilidad pública, reguladas por la sana moral. Los caudales públicos sólo pueden invertirse en bien del público; los mismos sueldos que se dan a los empleados, no son otra cosa que medios de sostener con decoro las ruedas de la administración. Los empleos no pueden proveerse por otros motivos que los de utilidad pública; quien se aparta de esta regla dispone de lo que no es suyo: es un verdadero defraudador. Los destinos no deben crearse ni conservarse para ocupar a las personas; por el contrario, la ocupación de éstas no tiene más objeto que el desempeño del destino: cuando los empleos son para los hombres y no los hombres para los empleos, se invierte el orden, se comete una injusticia, se gastan los caudales de los pueblos, y el acto no es menos inmoral porque se haga en mayor escala; por lo mismo, será más grave la responsabilidad.

212. Estos son los verdaderos principios de razón, de moral, de justicia, de conveniencia, aplicados al gobierno del Estado. ¡Qué importa el que la miseria y la maldad de los hombres los haya desconocido con frecuencia! No cesemos por esto de proclamarlos; inculquémoslos una y otra vez; grábense profundamente en la conciencia pública, cuyo poder es siempre grande para evitar males. Cuando haya mucha corrupción, pensemos que sin el freno de la conciencia pública sería infinitamente mayor; y así como las miserias y las iniquidades individuales no impiden el que se proclame la moral como regla de la vida privada, las injusticias y los escándalos no deben nunca desalentar para que dejen de proclamarse la moral y la justicia como reglas de la conducta pública.

La sinrazón, la injusticia, la inmoralidad, nunca prescriben; nunca adquieren un establecimiento definitivo; siempre tiemblan, y cejan o no avanzan tanto en su carrera cuando oyen las protestas de la razón, de la justicia y de la moral.

CAPÍTULO XXVII

PENAS Y PREMIOS

213. El orden del universo debe tener medios de ejecución y garantías de duración. El maquinista toma sus precauciones para que su máquina ejerza del modo conveniente las funciones que él se ha propuesto; y, en general, quien desea llegar a un fin, emplea los medios aptos para conseguirlo. En los seres destituidos de libertad, el orden se realiza y mantiene por leyes necesarias; mas éstas no son aplicables cuando se trata de agentes libres. Por lo que es preciso que haya un suplemento de esta necesidad; un medio que, respetando la libertad del agente, garantice la ejecución y conservación del orden. Si así no fuera, el mundo de las inteligencias resultaría de inferior condición al universo corpóreo. Este medio, esta garantía de la ejecución y conservación del orden moral, es la influencia moral por el temor o la esperanza: la pena o el premio.

214. Dios ha prescrito a las criaturas el orden que deben observar en su conducta: ellas, en fuerza de su libertad, pueden no ejecutar lo que les está mandado; si suponemos que no hay premio ni pena, la realización y conservación del orden establecido se halla completamente en manos de la criatura; y el Creador se encuentra, por decirlo así, desarmado, en presencia de un ser libre que le dice: «No quiero.» Esto manifiesta la profunda razón en que estriba la doctrina del premio y del castigo; con estos dos resortes, la voluntad queda libre, pero no sin restricción; para evitar el que diga: «No quiero», se le halaga con la esperanza del premio, y se le intimida con la amenaza del castigo; y si ni aun con esto se consigue el impedirlo y la criatura insiste en decir: «No quiero», el orden que no se ha podido conservar en la esfera de la libertad se restablece en la de la necesidad; la pena impuesta al culpable es una compensación del desorden: es una satisfacción tributada al orden moral.

215. La pena es un mal aflictivo aplicado al culpable a consecuencia de su culpa. Sus objetos son los siguientes:

1.º Amenazada, es un preventivo de la falta, y, por consiguiente, un medio de realización y conservación del orden moral.

2.º Aplicada, es una reparación del desorden moral, y, por tanto, un medio de restablecer el equilibrio perdido.

3.º Una prevención contra ulteriores faltas en el culpable y una lección para los que presencian el castigo.

De aquí resulta que la pena tiene los caracteres de sanción, expiación, corrección y escarmiento. Sanción, en cuanto afianza la ley, garantizando su observación. Expiación, en cuanto es una reparación del desorden moral.

Corrección, en cuanto se encamina a la enmienda del culpable. Escarmiento, en cuanto detiene a los que la ven aplicada a otros.

216. El carácter de corrección se halla en toda pena que no sea la última. Así en la sociedad, la multa, la prisión, la exposición, el destierro, el presidio, son correccionales; pero la de muerte no lo es: no se encamina a corregir al culpable, pues que acaba con él.

217. El único carácter esencial a toda pena aplicada es el de expiación; porque si suponemos una sola criatura en el mundo, y ésta peca, y por el pecado se le aplica una pena final, no habrá objeto de corrección para el castigado, ni tampoco de escarmiento, por no haber otros que puedan escarmentar.

218. Tocante al carácter preventivo, lo que la hace sanción de la ley tampoco es absolutamente necesario. Por lo mismo que existe la obligación moral, el que falta a ella con el debido conocimiento se hace responsable y se somete a las consecuencias de su responsabilidad; por manera que si suponemos que el delincuente, advirtiendo perfectamente toda la fealdad de la acción que comete, ignora la pena señalada, no dejará de ser penable, a no ser que la pena esté únicamente impuesta para el caso de ser conocida y arrostrada.

219. Infiérese de esta doctrina que el mirar las penas únicamente como medios correccionales es desconocer su naturaleza. La pena tiene otros objetos, fuera del bien del culpable; a veces atiende a dicho fin, a veces prescinde de él y se dirige únicamente a la expiación y escarmiento. La doctrina que atribuye a las penas el solo carácter de corrección es una consecuencia del sistema utilitario: según éste, el bien moral es lo útil con respecto al mismo que lo ejecuta; el mal, lo dañoso; así, la reparación o la pena no debe ser otra cosa que una especie de lección para que el culpable conozca mejor su utilidad y un medio para que la busque.

Con semejante doctrina se ennoblecen todas las penas: no hay ninguna vergonzosa; el criminal castigado no es más que un infeliz que erró un cálculo, y a quien se enseña a calcular mejor. En tal supuesto, no puede haber ninguna pena final, ni aun en lo humano; y habría mucha inconsecuencia si no se condenase la pena de muerte.

220. La doctrina que quita a las penas el carácter de expiación y les deja únicamente el de corrección parece a primera vista muy humana. ¿Qué cosa más filantrópica que atender tan sólo al bien del mismo culpable? Sin embargo, examinándola a fondo, se la encuentra inmoral, subversiva de las ideas de justicia, contraria a los sentimientos del corazón y altamente cruel.

221. Si la pena no tiene otro objeto que la corrección del culpable, se sigue que el orden moral no exige ninguna reparación, sean cuales fuesen las infracciones que padezca: esto equivale a decir que no hay moralidad, que semejante idea es del todo vacía. El equilibrio de la Naturaleza tiene sus medios de conservación y restablecimiento. ¿Y se pretenderá que de ello

carezca el mundo moral? Dios quiere el bien moral; la criatura, en fuerza de su libertad, no la quiere: ¿Prevalecerá la voluntad de la criatura contra la del Creador, no sólo en la consumación del acto malo, sino también en todas sus consecuencias, quedando Dios sin medio alguno para restablecer el equilibrio moral y el orden destruido?

22. Otra consecuencia se sigue de esta doctrina, y es que la pena debiera ser tanto menos aplicable cuanto menos esperanza hubiese de enmienda; por manera que si suponemos una voluntad tan firme que una vez decidida por el mal fuese muy difícil apartarla de él, la pena casi no tendría objeto; y si hubiese certeza de que no se apartaría del mal, la pena no debiera aplicarse. ¿A qué la corrección, cuando no hay esperanza de enmienda? Esta doctrina es horrible, porque en vez de aumentar la pena en proporción de la maldad, la disminuye; y al extremo del crimen, a la obstinación en cometerle, le otorga el privilegio de la inmunidad de todo castigo.

Véase, pues, con cuánta verdad he dicho que la pretendida dulzura de la corrección era profundamente inmoral; no es nuevo que se cubran con el manto de la filantropía las apologías del crimen.

223. El culpable castigado por pura corrección no está bajo la mano de la justicia, sino de la Medicina. ¿Con qué derecho se le cura si él no quiere? He aquí el diálogo entre el penado y el juez:

—Has cometido un delito y se te aplican seis años de prisión.

—¿Con qué objeto?

—Para que te corrijas.

—¿Conque se trata solamente de mi bien?

—No de otra cosa.

—Pues entonces, yo renuncio a este favor.

—No se admite la renuncia.

—¿Por qué? ¿No *se* trata de mi bien? Pues si yo no lo quiero, ¿con qué razón se me obliga a aceptar el bien de estar encerrado?

—Es preciso que la ley se cumpla.

—De esta precisión me quejo, y digo que es injusta. Se me quieren hacer favores, y a la fuerza se me obliga a aceptarlos.

Si el juez no apela a las ideas de escarmiento para los demás, ya que no quiera hablar de expiación, es necesario confesar ¿que no puede responder a las objeciones del delincuente; pero si habla de algo que no sea pura corrección, se aparta de la teoría y entra en el terreno común.

224. Si se admitiera semejante error se trastornaría el lenguaje. No se podría decir: «El culpable *merece* tal pena», sino: «Al culpable le *conviene* tal pena.» Merecer es ser digno de una cosa; y en tratándose de castigo, envuelve la idea de expiación. Faltando ésta, falta el merecimiento, la idea moral de la pena; y así resulta una simple medida de utilidad, no un efecto de la justicia.

¿Quién no ve que esto subvierte todas las ideas que rigen el mundo moral y social, destruyendo por su base todos los principios en que estriba la autoridad de la justicia al imponer una pena?

225. La infracción del orden moral excita un sentimiento de animadversión contra el culpable. ¿Quién no lo experimenta al ver un acto de injusticia, de perfidia, de ingratitud, de crueldad? En aquel sentimiento instantáneo, ¿hay, por ventura, algún interés por el culpable? No; por el contrario, dirige la indignación contra él. Se dirá, tal vez, que esto es espíritu de venganza; pero adviértase que con harta frecuencia el sentimiento de indignación es del todo desinteresado, pues que el acto que nos indigna no se refiere a nosotros ni a nada nuestro; en cuyo caso será trastornar el sentido de las palabras el aplicarle el nombre de venganza. Se replicará, tal vez, que nos interesamos también por los desconocidos y que por esto se nos excita el sentimiento de venganza cuando vemos un mal comportamiento con otro cualquiera; pero aun dando a la palabra una acepción tan lata, no se resuelve la dificultad; pues que una acción infame o vergonzosa, aunque no se refiera a otro, por ser puramente individual, también nos inspira el sentimiento de animadversión contra quien la comete.

226. Además, aquí se omite el atender al objeto del sentimiento de ira, considerado en sus relaciones morales, lo que da a la cuestión un aspecto nuevo. La palabra "venganza", en su acepción común, expresa una idea mala, porque significa el deseo de reparar una ofensa de un modo indebido. Pero si miramos la ira como un sentimiento del alma que se levanta contra lo malo, la ira tiene un objeto bueno y puede ser buena; y si la venganza no significase más que una reparación justa y por los medios debidos, no expresaría ninguna idea viciosa. Esto es tanta verdad, que la idea de vengar se aplica a Dios, y El mismo se atribuye este derecho. Las leyes humanas también vengan; y así, decimos: «Está satisfecha la vindicta pública: con el castigo del culpable la sociedad ha quedado vengada.»

En este sentimiento del corazón, que con harta frecuencia acarrea desastres, encontramos, pues, un instinto de justicia; lo cual es una nueva prueba de que el mal aplicado al culpable cómo pena no tiene sólo el carácter de corrección, sino también, y principalmente, el de expiación. Quien infringe el orden moral, merece sufrir; cuando el corazón se subleva instintivamente contra una acción mala, obedece al impulso de la Naturaleza; bien que luego la razón añade: que la aplicación de la pena merecida no corresponde al particular, sino a la autoridad humana y a Dios. El instinto natural nos indica el merecimiento del castigo; la ley nos impide aplicarle, porque no puede concederse este derecho a los particulares, sin que la sociedad caiga en el más completo desorden y sin dar margen a muchas injusticias.

227. La crueldad es otro de los caracteres de la doctrina que estamos combatiendo. Hagámoslo sentir, pues que ésta es excelente prueba en

semejantes casos. Un infame abusa de la confianza de un amigo; le hace traición, se conjura contra él; le roba y, por complemento, le asesina. El criminal cae bajo la mano de la justicia. Al aplicarle la pena, la ley mira a la víctima del crimen, mira a la sociedad ultrajada, mira a la amistad vendida, mira a la humanidad sacrificada: con la ley está el corazón de todos los hombres; todas exclaman: «¡Qué infamia! ¡Qué perfidia! ¡Qué crueldad! Desventurado, ¿quién le dijera que había de morir a mano del mismo a quien daba continuas muestras de fidelidad y de amor? Caiga sobre la cabeza del culpable la espada de la ley; si esto no se hace, no hay justicia, no hay humanidad sobre la tierra.» En esta explosión de sentimientos, el filósofo de la *pura corrección* no ve más que necedades. No se trata de vengar a la víctima, ni a la sociedad; lo que se debe procurar es la enmienda del culpable y aplicarle, sí, una corrección; pero el límite de ella ha de ser la esperanza de la enmienda. Sin esto, la pena sería inútil, sería cruel... Bueno sería aconsejar al filósofo que semejante discurso lo tuviese en monólogo, y que no lo oyese nadie; pues, de lo contrario, sería posible que las gentes le aplicasen a él un correctivo de sus teorías, sin esperar la intervención del juez.

228. He aquí a lo que se reduce la pretendida filantropía: a una crueldad refinada, a una injusticia que indigna. Se piensa en el bien del culpable y se olvida su delito; se favorece al criminal y se posterga a la víctima. La moral, la justicia, la amistad, la humanidad, no merecen reparación; todos los cuidados es preciso concentrarlos sobre el criminal, tratándole como a un enfermo a quien se obliga a tomar una medicina repugnante o a quien se hace una operación dolorosa. Para la moral, la justicia, la víctima, para todo lo más sagrado e interesante que hay sobre la tierra, sólo olvido; para el crimen, para lo más repugnante que imaginarse pueda, sólo compasión.

Contra semejante doctrina protesta la razón, protesta la moral, protesta el corazón, protesta el sentido común, protestan las leyes y costumbres de todos los pueblos, protesta en masa el género humano. Jamás se han dejado de mirar los castigos como expiaciones; jamás se ha considerado la pena como simple medio de corrección; jamás se la ha limitado a la mejora del culpable, prescindiendo de la reparación debida a la justicia.

229. El carácter expiatorio de la pena es conforme a las costumbres religiosas de todos los pueblos, quienes han creído siempre que para aplacar a la divinidad era preciso ofrecer una mortificación del culpable o de algo que le represente. De aquí la efusión de sangre en los sacrificios; de aquí la consunción de las víctimas por el fuego; de aquí las penas voluntarias que se han impuesto los individuos y los pueblos cuando han querido desarmar la cólera divina. Los culpables vengaban en sí propios la culpa para prevenir la venganza del cielo. ¡Tan profundamente grabada tenían en su espíritu la idea de la necesidad de reparación y de restablecer el equilibrio moral con el castigo de los contraventores!

230. En este caso, como en todos los demás, se hallan en pro de la verdad la razón, el sentido común, los sentimientos, las costumbres, la conciencia del género humano, la legislación, las tradiciones primitivas: la verdad, que es la realidad, se halla en armonía con las otras realidades; el error, que es la ficción humana, choca con todo, y no puede descender al campo de los hechos sin desvanecerse como el humo.

231. Nótese bien que al combatir la doctrina contraria no me propongo sostener que las penas no hayan de ser correccionales; por el contrario, afirmo que, en cuanto sea posible, no debe el legislador perder nunca de vista un objeto tan importante. El carácter expiatorio se realza y embellece cuando, a más de ser una justa reparación en el orden moral, es un medio para la enmienda del culpable. ¿Qué más puede desear el legislador que reparar el desorden en sí mismo y restituir al orden al que lo había infringido? Las leyes humanas deben proponerse este objeto en cuanto sea compatible con la justicia, imitando en ello a la ley divina, la cual no castiga sino para mejorar, excepto el caso en que, llenada la medida, cierra el Juez Supremo los tesoros de su misericordia y descarga sobre el culpable el formidable peso de la justicia.

232. La mayor parte de los desórdenes llevan consigo cierta pena en sus efectos morales: la gula, la embriaguez, la destemplanza, la pereza, la ira; todos los vicios producen males físicos que pueden considerarse como otras tantas penas que al propio tiempo nos sirven de freno contra el desorden y de paternal amonestación para que no nos apartemos del camino de la virtud. Dios ha establecido en nuestra misma organización un sistema penal de corrección, castigando el desorden con el dolor y haciendo necesarias las privaciones para el restablecimiento del orden. El glotón satisface su apetito desordenado, pero sufre en consecuencia las molestias y dolores de la indigestión; siendo notable que la ley física de su restablecimiento es una privación: la dieta. En los demás vicios hallamos un orden semejante: la pena tras el delito; la privación del goce, para curar el mal físico; así las leyes mismas de la Naturaleza nos ofrecen una serie de penas correccionales y expiatorias, manifestándose en esto la sabiduría que ha presidido al orden físico y al moral e indicando que es una sola mano la que lo ha arreglado todo, pues que entre cosas tan diferentes hallamos tal enlace, tal concierto y armonía.

CAPÍTULO XXVIII

INMORTALIDAD DEL ALMA. PREMIOS
Y PENAS DE LA OTRA VIDA

233. Por el orden mismo de la materia nos hallamos conducidos a tratar de los premios y penas de la otra vida, lo cual se liga con la inmortalidad del alma y demás doctrinas religiosas. ¿A qué se reduce la religión si después de esta vida no hay nada? Si el alma muere con el cuerpo, es inútil hablarle al hombre de moral y religión; éste sería el caso en que, sin duda, respondiera: «Comamos y bebamos, que mañana moriremos.» En la fugacidad de la vida, en ese bello sueño que pasa y desaparece, los instantes de placer son preciosos si a ello se limita nuestra existencia: no hay entonces razón alguna para dejar de aprovecharlos; la conducta epicúrea es consecuencia muy lógica de las doctrinas que niegan la inmortalidad del alma.

234. Así como el principio de una cosa puede ser por creación o por formación, según que empieza de nuevo en su totalidad o se compone de algo que antes existía, así también el fin puede ser por aniquilamiento o por disolución, según que se reduce a la nada o se descompone por la separación de las partes. Una máquina no empieza en su totalidad absoluta cuando se la construye, pues que sus partes existían ya de antemano, y cuando se deshace no se anonada, pues sus partes continúan existiendo, aunque separadas, o al menos sin la disposición en que antes estaban.

Lo simple no puede empezar por formación o composición, ni acabar por disolución; si no hay partes, claro es que no pueden reunirse, ni separarse, ni desordenarse: lo simple empieza o acaba en su totalidad. De esto se infiere evidentemente que el alma humana, siendo simple, no puede acabar por descomposición: y así, la muerte del cuerpo no la destruye. Ella no tiene ningún germen de disolución, porque no encierra diversidad ni distinción en su sustancia; por tanto, es preciso decir: o que dura para siempre, o que Dios la aniquila. La psicología nos demuestra la inmortalidad intrínseca, o sea la inmortalidad extrínseca esto es, que Dios no la anonada, es preciso echar mano de otra clase de argumentos.

235. La experiencia nos enseña que las sustancias corpóreas no se aniquilan, sino que pasan de un estado a otro. Las moléculas que las componen están en continuo movimiento; se hallan en las entrañas de la tierra, después se combinan con la organización vegetal y forman parte de una planta; cuando ésta muere, continúan bajo la forma de madera; ésta se pudre o se quema, y las moléculas se dispersan para entrar en nuevas combinaciones en el reino vegetal o animal; de suerte que las sustancias corpóreas recorren un círculo de transformación; mas no se anonadan. ¿Cuál

de los dos seres es más noble, más digno, por decirlo así, de los cuidados del Creador: una molécula sin voluntad, sin pensamiento, sin sentido, sin vida, sujeta a leyes necesarias, o un ser inteligente, libre, capaz de dilatar indefinidamente sus ideas y, sobre todo, de conocer y amar a su Autor? La respuesta no es dudosa; luego el sostener que el alma se reduce a la nada es invertir el orden del mundo, suponiendo que lo inferior se conserva y lo superior se acaba, y que Dios se complace en conservar lo inerte y en anonadar lo inteligente y libre.

236. El hombre tiene un deseo innato de la inmortalidad: la idea de la nada le contrista; y es harto evidente que su deseo no se satisface en esta vida, que, por su extremada brevedad, es comparada, con razón, a un sueño. Si el alma muere con el cuerpo, se nos habrá dado un deseo natural, cuya satisfacción nos será del todo imposible; esto es contrario a la sabiduría y bondad del Creador: Dios castiga a los culpables, pero no se complace en atormentar a sus criaturas con irrealizables deseos.

Se dirá que aun en esta vida deseamos muchas cosas que no podemos conseguir, y que, sin embargo, nada se infiere contra la bondad y sabiduría de Dios. Pero es preciso reflexionar que la inmensidad de los deseos que en vida experimentamos, aunque varios y con harta frecuencia extraviados, se dirigen todos a la felicidad: esto busca el sabio como el necio, el virtuoso como el corrompido; unos, por camino verdadero otros, por errado; el resorte natural es el mismo en todos el deseo de ser feliz. Si hay otra vida, estos deseos pueden cumplirse todos, no en lo que tienen de malo y a veces de contradictorio, sino en lo que encierran de amor a la felicidad; y, por tanto, quedan a salvo la bondad y sabiduría de Dios; pero si el alma muere con el cuerpo, no se satisface ni lo legítimo ni lo ilegítimo, ni lo razonable ni lo necio; y tantos deseos vehementes e indestructibles se han dado al hombre para llegar, ¿a qué? A la nada.

237. Supuesta la inmortalidad del alma, no se ve inconveniente en que la suerte del hombre haya sido encomendada a su libertad, y que, grabado en su espíritu el deseo de ser feliz, se le haya otorgado la facultad de buscar esta dicha de varios modos, para que, si no la encontrase, la responsabilidad fuera suya; así se explica porqué unos aman las riquezas, otros los placeres, otros la gloria, otros el poder, buscando la felicidad en objetos que no la encierran: en tal caso, suya es la culpa; el deseo de ser feliz es natural; pero el carácter de inteligentes y libres exigía que esta felicidad fuese el fruto de nuestras obras, que llegásemos a ella por el conocimiento y la libre voluntad y no por una serie de impulsos necesarios. Cuando los deseos no se satisfacen en esta vida o en vez de gozo hallamos sinsabores, y en lugar de placeres, dolor, no podemos quejarnos de Dios, que nos ha sujetado a estas leyes para nuestro propio bien; y si aun siendo moderados y lícitos nuestros deseos no se satisfacen sobre la tierra, tampoco hay lugar a queja, porque no siendo ésta nuestra mansión final, y habiendo de vivir para siempre en otra, la vida de la

tierra es un mero tránsito, y cuanto sufrimos aquí no es más que una ligera incomodidad que arrostra gustoso el viajero para llegar a su patria. Pero todo esto desaparece si el alma muere con el cuerpo; entonces, no hay ninguna explicación plausible: deseamos con vehemencia y no podemos llenar los deseos; aunque los moderemos, ajustándolos a razón, tampoco se cumplen; las privaciones que sufrimos no tienen compensación en ninguna parte; nuestra vida es una ilusión permanente; nuestra existencia, una contradicción. El no ser nos horroriza; la inmortalidad nos encanta; deseamos vivir y vivir en todo: antes de abandonar esta tierra queremos dejar recuerdos de nuestra existencia. El poderoso construye grandes palacios, que él no habitará; el labrador planta bosques que no verá crecidos; el viajero escribe su nombre en una roca solitaria, que leerán las generaciones venideras; el sabio se complace en la inmortalidad de sus obras; el conquistador, en la fama de sus victorias; el fundador de una casa ilustre, en la perpetuidad de su nombre; y hasta el humilde padre de familia se lisonjea con el pensamiento de que vivirá en sus descendientes y en la memoria de sus vecinos; el deseo de la inmortalidad se manifiesta en todos de mil maneras, bajo diversas formas, pero no es posible arrancarle del corazón; y este deseo inmenso, que vuela a través de los siglos, que se dilata por las profundidades de la eternidad, que nos consuela en el infortunio y nos alienta en el abatimiento; este deseo, que levanta nuestros ojos hacia un nuevo mundo y nos inspira desdén por lo perecedero, ¿sólo se nos habría dado con una bella ilusión, como una mentira cruel, para dormirnos en brazos de la muerte y no despertar jamás? No; esto no es posible; esto contradice a la bondad y sabiduría de Dios; esto conduciría a negar la Providencia, y de aquí el ateísmo.

238. En el hombre todo anuncia la inmortalidad. Sus ideas no versan sobre lo contingente, sino sobre lo necesario; no merece a sus ojos el nombre de ciencia lo que no se ocupa de lo necesario y, por consiguiente, eterno. Los fenómenos pasajeros forman el objeto de sus observaciones para llegar al conocimiento de lo permanente; tiene fija su vista a lo que se sucede en la cadena de los tiempos; pero es para elevarse a lo que no pasa con el tiempo. En su propia mente encierra un mundo ideal, necesario: las ciencias matemáticas, ontológicas y morales, prescinden de las condiciones pasajeras; se forman de un conjunto de verdades eternas, indestructibles, que ni nacieron con el mundo ni perecerían pereciendo el mundo. Siendo esto así, ¿qué misterio, qué contradicción es el espíritu del hombre si tamaña amplitud sólo se le ha concedido para los breves momentos de su vida sobre la tierra? Semejante suposición, ¿no nos haría concebir la idea de un ser maléfico que se ha complacido en burlarse de nosotros?

239. En confirmación de este mismo argumento, hay otra consideración de mucha gravedad. La mayor parte de los hombres se fijan poco en esas ideas grandes que forman las delicias de una vida meditabunda. Ocupados en sus tareas ordinarias, faltos de tiempo y preparación para pensar sobre los

secretos de la filosofía, dejan correr sus días sin desenvolver sus facultades intelectuales más allá de lo necesario para el objeto de su estado y profesión. Considerando a la humanidad desde este punto de vista, se nos ofrece como un caudal inmenso de fuerzas intelectuales y morales, del que no se emplea en la tierra más que una parte insignificante, comparada con la totalidad. Si el alma sobrevive al cuerpo, se concibe muy bien que estas facultades no se desenvuelvan aquí en su mayor parte; les espera la eternidad, donde podrán ejercer sus funciones en gran escala; y entonces el género humano se parece a un viajero que, durante el viaje, lleva arrolladas y escondidas las preciosidades que luego desplegará y empleará cuando llegue a su casa. Pero si el alma no tiene más vida que ésta, ¿de qué sirve tanto caudal de fuerzas intelectuales y morales? ¿Qué sabiduría fuera la que crease lo que antes no había de servir? Tanto valdría pretender que obra cuerdamente el labrador que esparce sobre la tierra la semilla en gran abundancia, sabiendo que sólo han de brotar pocos granos y queriendo destruir los tallos antes de que lleguen a sazón.

240. Los destinos de la humanidad sobre la tierra no sirven a explicar el misterio de la vida, si ésta se acaba con el cuerpo. Es verdad que el linaje humano ha hecho cosas admirables transformando la faz del globo, y que probablemente las hará mayores en adelante; es cierto que se nos ofrece a manera de un gran individuo encargado de representar un inmenso drama, cuyos papeles le corresponde también una pequeñísima parte a cada hombre particular; pero este drama tiene un sentido si la vida presente se liga con una vida futura, si los destinos de la humanidad sobre la tierra están enlazados con los de otro mundo; de lo contrario, no. En efecto: reflexionando sobre la historia, y aun sobre la experiencia de cada día, notamos que en el curso general de los destinos humanos los acontecimientos marchan sin consideración a los individuos ni aun a los pueblos: pueblos e individuos son como pequeñas ruedas del gran movimiento: duran un instante, luego desaparecen por sí mismos; y si alguna vez embarazan, son aniquilados. Considerad el desarrollo de una idea, de una institución, un elemento social cualquiera; aparece como un germen apenas visible y se extiende, se propaga, hasta dominar vastos países por dilatados siglos. Pero ¿a qué costa? A costa de mil ensayos inútiles, tentativas erradas, angustias, guerras, devastación, desastres de todas clases. La civilización griega se extiende por el Oriente; las luces se difunden; los pueblos, puestos en contacto, se desarrollan y adquieren nueva vida, es verdad; pero medid, si alcanzáis, la cadena de infortunios que este adelanto cuesta a la humanidad; recorred las épocas de Filipo, Alejandro y sus sucesores, hasta que invaden el Oriente las legiones romanas. Roma da unidad al mundo, contribuye a su civilización, es cierto; pero mientras contempláis éste cuadro veis diez siglos de guerras y desastres; ríos de lágrimas y sangre. Los bárbaros del Norte salen de sus bosques, y sus razas, llenas de vida, rejuvenecen las de pueblos degenerados; de aquellas hordas se formarán con el tiempo las brillantes naciones que cubren la faz de

Europa, es verdad; pero antes de llegar a este resultado transcurrirán otros diez siglos de calamidades sin cuento; los árabes dominan el Mediodía y trasmiten a la civilización europea algunas luces en las ciencias y en las artes; pero ¿a qué precio las compra la humanidad? Con ocho siglos de guerra. La civilización progresa; viene el siglo de los descubrimientos: las Indias orientales y occidentales reciben nueva vida; pero ¿a qué precio? Fijad, si podéis, la vista en los cuadros de horror, que os ofrece la Historia. La Europa llega al siglo XVI; es sabia, culta, rica, poderosa; todavía la sangre se continuará vertiendo a torrentes, acaudillando grandes ejércitos Gonzalo de Córdoba, Carlos V, Gustavo, Luis XIV, Napoleón... Y, ¿qué hay en el porvenir?

En esas revoluciones inmensas con las cuales recorre la humanidad la vasta órbita de sus movimientos, los individuos, los pueblos, las generaciones, parecen nada; los individuos sufren y mueren a millones; los pueblos son víctimas de grandes calamidades y a veces dispersados o exterminados. Concibiendo la idea de la humanidad sobre la tierra como el tránsito para otra; viendo en la cúspide del mundo social a la Providencia enlazando lo terreno con lo celeste, lo temporal con lo eterno, se comprende la razón de las grandes catástrofes: porque sólo descubrimos en ellas los males de un momento, encaminados a la realización de un designio superior; pero si el alma muere con el cuerpo, ¿a qué esos padecimientos privados y públicos? ¿A qué el haber puesto sobre la tierra una débil criatura para hacerla sufrir y morir? ¿Dónde está la compensación de tantos males? ¿Dónde el objeto de tan desastrosas mudanzas.

Se dirá que la compensación se halla en el adelanto social; que el objeto es la perfección de la sociedad; pero esta respuesta es altamente fútil si no suponemos la inmortalidad del alma. La sociedad en sí no es otra cosa que un todo moral; considerada con abstracción de los individuos, es un ser abstracto; ella es inteligente cuando ellos lo son; es moral cuando ellos lo son; es feliz cuando ellos lo son. La inteligencia, la moralidad, el bienestar de la humanidad, no es otra cosa que la suma de estas cualidades, que se halla en los hombres. Por estas consideraciones, se echa de ver que el individuo, aunque pequeño, no puede desaparecer delante de la sociedad; es infinitésimo, si se quiere; pero de la suma de esos infinitésimos la sociedad se integra. Ahora bien: si la adquisición de una idea para la humanidad ha costado a un número inmenso de sus individuos el vivir entre continuas turbaciones que les produjesen la ignorancia; si la conquista de una mejora moral ha costado a muchas generaciones la agitación y la esclavitud; si el adelanto material lo han pagado una larga serie de generaciones con guerras, incendios, devastación, males sin cuento, ¿qué vienen a significar esos bienes, esas mejoras y adelantos? Y cuando se reflexiona que las generaciones que disfrutan de las adquisiciones de los pasados trabajan, y sufren, y mueren, por adquirir para los venideros, se nos presenta el género humano como una serie de operarios que trabajan, y se afanan, y sufren, y mueren para una cosa ideal, para un ser abstracto que llaman la sociedad, presentando una evolución sin término, sin objeto, sin ninguna razón que justifique sus transformaciones incesantes.

La humanidad es un sublime y grande individuo moral cuando se reconoce a sus miembros la inmortalidad y se los considera pasando sobre la tierra para llegar a otro destino. Sin esto, el mismo progreso humanitario es una especie de sima sin fondo, donde se precipitan las generaciones sucesivas, sin saber por qué, ni para qué; un mar sin límites a donde llevan su caudal los individuos y los pueblos, perdiéndose luego en su inmensidad, como las aguas de los ríos en los abismos del Océano.

241. Cuando se finge por un momento que el alma es mortal, se apodera del corazón una profunda tristeza al fijar la vista sobre el breve plazo señalado a nuestra vida. Duélese el hombre de haber visto la luz del día. Hoja que el viento lleva, arista que el fuego devora, flor de heno secada por el aliento de la tarde. ¿Quién le ha dado a conocer con tanta extensión y amar con tanto ardor, si sus ojos se han de cerrar para no abrirse jamás, si su inteligencia se ha de extinguir como una centella que serpea y muere; si más allá del sepulcro no hay nada, sino soledad, silencio, muerte por toda la eternidad?... ¿Quién nos ha dado ése apego a nuestros semejantes, si nos hemos de separar para siempre? ¿Quién nos inspira que tanto nos ocupemos de lo venidero, si para nosotros no hay porvenir, si nuestro porvenir es la nada? ¿Quién nos mece con tantas esperanzas, si no hay para nosotros otro destino que la lobreguez de la tumba? ¡Ay, qué triste fuera entonces el haber visto la luz del día y el sol inflamando el firmamento, y la luna despidiendo su luz plácida y tranquila, y las estrellas tachonando la bóveda celeste como los blandones de un inmenso festín; si al deshacerse nuestra frágil organización no hay para nosotros nada y se nos echa de este sublime espectáculo para arrojarnos a un abismo donde durmamos para siempre!

242. No, no es así; éste es un pensamiento sacrílego, una palabra blasfema. Si así fuese no habría Providencia, no habría Dios; el mundo fuera una serie de fenómenos incomprensibles; una evolución perenne de acontecimientos sin objeto; una fatalidad ciega que seguiría su camino por las inmensidades del espacio y del tiempo, sin origen, sin objeto, sin fin, sin conciencia de sí propio; un ser misterioso que arrojaría de su seno infinidad de seres con inteligencia, con voluntad, con amor y con inmensos deseos; y que luego los absorbería de nuevo en sus abismos, como una sima que traga en sus profundidades tenebrosas los plateados y resplandecientes lienzos de una vistosa cascada. Entonces, el mundo no sería una belleza, ni el *cosmos* de los antiguos, sino el caos; una especie de fragua donde se elaboran en confusa mezcla los placeres y los dolores, donde un ímpetu ciego lo lleva todo en revuelto torbellino, donde se han reservado para el ser más noble, para el ser inteligente y libre, mayor cúmulo de males, sin compensación ninguna; donde

se han reunido, en síntesis, todas las contradicciones: deseo de luz y eternas tinieblas; expansión ilimitada y silencio eterno; apego a la vida y muerte absoluta; amor al bien, a lo bello, a lo grande, y el destino a la nada; esperanzas sin fin, y, por dicha final, un puñado de polvo dispersado por el viento.

¿Quién puede asentir a un sistema tan absurdo y desconsolador? En medio del orden, de la armonía que admiramos en todas las partes de la creación, ¿quién podrá persuadirse que el desorden y el caos sólo existan con relación a nosotros? ¿Quién no aparta con horror la vista de ese cuadro desesperante?

243. Hagamos contraprueba: empecemos por admitir la inmortalidad del alma; y el coas se aclara: del fondo de sus tinieblas surge la luz, y el mundo se presenta otra vez ordenado, bello, resplandeciente. Se explica la inmensidad de nuestros deseos, porque se pueden llenar; se explica la extensión de nuestra inteligencia, porque se ha de dilitar un día por un mundo sin fin; se explica la necesidad de las ideas, porque desde que nacemos empezamos la comunicación con un orden inmortal; se explica la alternativa de los placeres y dolores, porque lo que falta en esta vida se compensa en la otra; se explican las evoluciones y las catástrofes de la humanidad sobre la tierra, porque se ligan con destinos eternos; se explican los sufrimientos en esas transformaciones, porque su vivir no acaba con el cuerpo; se explica el bien de la sociedad considerado en sí mismo, porque es un grande objeto intentado por la Providencia para enlazar lo pasado con lo venidero, la tierra con el cielo, el tiempo con la eternidad. El orden, la armonía, la razón, la justicia, brillan bajo la influencia de esta idea consoladora; y el universo, lejos de ser un caos, es un conjunto admirable, una sociedad inmortal de los seres inteligentes y libres entre sí. y con su Creador; en la cúpula de este vasto conjunto resplandece el destino del hombre en aquella ciudad inmortal, iluminada por la claridad de Dios, y que con rasgos sublimes nos describiera el profeta de Patmos.

El orden moral se explica también con la inmortalidad: el bien tiene su premio, y el mal su castigo; sobre la dicha del culpable pende la muerte como una espada; a sus pies, el abismo de la eternidad; si la virtud está algunas veces abrumada de infortunio y marchando sobre la tierra entre la pobreza, la humillación y el sufrimiento, levanta al cielo sus ojos llorosos y endulza sus lágrimas con un pensamiento de esperanza.

Así es, así debe ser; así lo enseña la razón; así nos lo dice el corazón; así lo manifiesta la sana filosofía; así lo proclama la religión; así lo ha creído siempre el género humano; así lo hallamos en las tradiciones primitivas, en la cuna del mundo.

FIN DE LA ÉTICA

LA CRÍTICA LITERARIA

TODO SOBRE LITERATURA CLÁSICA, RELIGIÓN, MITOLOGÍA, POESÍA, FILOSOFÍA...

La Crítica Literaria es la librería y distribuidor oficial de Ediciones Ibéricas, Clásicos Bergua y la Librería-Editorial Bergua fundada en 1927 por Juan Bautista Bergua, crítico literario y célebre autor de una gran colección de obras de la literatura clásica.

Nuestra página web, LaCriticaLiteraria.com, es el portal al mundo de la literatura clásica, la religión, la mitología, la poesía y la filosofía. Ofrecemos al lector libros de calidad de las editoriales más competentes.

LEER LOS LIBROS GRATIS ONLINE
www.LaCriticaLiteraria.com

La Crítica Literaria no sólo esta dedicada a la venta de libros nacional e internacional, también permite al lector la oportunidad de leer la colección de Ediciones Ibéricas gratis online, acceso gratuito a mas que 100.000 páginas de estas obras literarias.

LaCriticaLiteraria.com ofrece al lector un importante fondo cultural y un mayor conocimiento de la literatura clásica universal con experto análisis y crítica. También permite leer y conocer nuestros libros antes de la adquisición, y tener la facilidad de compra online en forma de libros tradicionales y libros digitales (ebooks).

COLECCIÓN LA CRÍTICA LITERARIA

Nuestra nueva **"Colección La Crítica Literaria"** ofrece lo mejor de los clásicos y análisis de la literatura universal con traducciones, prólogos, resúmenes y anotaciones originales, fundamentales para el entendimiento de las obras más importantes de la antigüedad.

Disfrute de su experiencia con nosotros.

www.LaCriticaLiteraria.com